海洋问题时评
Maritime Issues Review

第一辑
Volume 1

金永明 / 著

序　言

　　金永明同志长期从事国际海洋法的研究，成果颇丰。他将其近来结合海洋问题的情势，对我国面临的诸多重大海洋问题，尤其是东海问题和南海问题的研究成果以《海洋问题时评》的形式集锦成册，付梓出版，以飨读者，值得祝贺。

　　海洋是人类生命的真正源泉！

　　《联合国宪章》及其确立的国际法基本原则，是现存国际法律秩序的核心，是国际关系有序发展的基石。《联合国海洋法公约》（以下简称《公约》）及其确立的海洋法律体系则是海洋法律体系的核心和基石，成为国际强行法律规范。联合国第三次海洋法会议提出了人类共同继承财产原则，但是它不得确定领土主权的归属问题。《公约》序言中明确规定："在妥为顾及所有国家主权的情形下，为海洋建立一种法律秩序，以便利国际交通和促进海洋的和平用途，海洋资源的公平而有效的利用，海洋生物资源的养护以及研究、保护和保全海洋环境，考虑到达成这些目标将有助于实现公正公平的国际经济秩序，这种秩序将照顾到全人类的利益和需要。"同时，《公约》也明确指出，任何涉及大陆或岛屿陆地领土的主权或其他权利有关的任何尚未解决的争端，则不适用强制程序。在新的世纪，和平解决争端依然是一项基本原则，而谈判协商则是解决争端的优先选择和最佳途径。联合国安全理事会认为必要时,应促请各当事国以此项方法,解决其争端。应该指出,国际法历史上的法律基础是罗马法,即是平等主体间的法律。国际司法机构仅具有协议管辖权,其判决没有执行力。国际海洋法法庭和国际法院一样,其裁判具有确定性,争端所有各方均应遵守。但是,裁判除在当事各方之间针对该特定争端外,应无拘束力。国际法不是判例法,任何判例在形成习惯法之前,对于任何第三方没有约束力,也不能成为法律,更不能改变现行法律和国际法规则。

国际社会的发展,特别是科学技术的发展,促使海洋法不断发展。《共产党宣言》中指出:"美洲的发现、绕过非洲的航行,给新兴的资产阶级开辟了新天地。"[①] 这样,各国之间海上往来的范围扩大了,海洋利用的范围扩大了,而不可避免地,海洋法的范围也扩大了。世界强国无一不是海上大国,这是历史的定论。西班牙曾凭借其无敌舰队攫取了滚滚财富;大不列颠的坚船利炮也为其打开过世界所有的门户;而今,悬挂着星条旗的舰队随时都会出现在全球任何一处与"美国利益"有关的地方。毋庸置疑,每个有作为的民族在看到这条历史轨迹时都不应也不会无动于衷。中国是一个海洋大国。中国于2014年在《政府工作报告》中明确指出:"要坚持陆海统筹,全面实施海洋战略,发展海洋经济,保护海洋环境,坚决维护国家海洋权益,大力建设海洋强国。"

东中国海的钓鱼岛列屿是中国的固有领土;南中国海的东沙群岛、西沙群岛、中沙群岛和南沙群岛自古以来就是中国神圣领土的一部分。中国对此具有确凿的历史和法理依据。这些岛屿都曾被日本侵略者占领,但是侵略行为不能产生主权,不能成为违法者法律权利的依据。

---

① 《马克思恩格斯文集》第2卷,北京:人民出版社2009年版,第32页。

美国总统罗斯福1943年签订《开罗宣言》时说："这些原则很简单，其中包括归还偷盗的财产给当然的主人。"《波茨坦公告》第八条明确指出：《开罗宣言》之条件必将实施。而《开罗宣言》中明确规定，日本所窃取的中国之领土，例如东北、台湾等岛屿应归还中国。中国坚决反对和遏制日本采取任何方式侵犯中国对钓鱼岛的主权。中国对南海诸岛的主权、在南海的主权权利和管辖权是在长期历史发展进程中形成的。"二战"后中国政府根据《开罗宣言》《波茨坦公告》从日本侵略者手中收回南海诸岛并划设了断续线，周边国家在上世纪70年代以前从未对此提出质疑；1994年生效的《公约》承认海洋上的历史性权利。作为"二战"战胜国之一的美国和战败国日本，对这段历史应该是很清楚的。

然而，我国东海风云诡谲，南海风高浪急，情势严峻而复杂。在美国亚洲再平衡战略的怂恿下，日本和一些国家跃跃欲试，妄图搅混局势，遏制中国。中国的立场是明确的、一贯的，维护国家主权和领土完整的意志坚定不移，捍卫世界反法西斯战争胜利成果的决心毫不动摇。在历史和领土这两个原则问题上，没有妥协的余地。希望美日领导人能够懂得这些基本的道理，能够尊重人类良知和国际公理的底线。近年发生的海上问题都是一些国家挑衅引发的。中国不会放弃长期坚持的和平解决争议的立场，但面临挑衅，也必须作出强有力的回应，这不仅是为了维护自身的主权权益，也是为了维护整个地区和平稳定的秩序。

国际法在促进世界和平与发展中的作用日益增强，各国越来越重视利用国际法来保护自身的权益。这是国际社会一个值得注意的倾向。我们既要遵守和维护国际法准则，又要同世界各国人民一道为国际法的完善和发展继续作出努力，推动国际法朝着有利于建立和平、稳定、公正、合理的国际政治经济新秩序的方向前进。当前和今后一段时间内，我国将长期面临海洋问题的威胁和挑战。如何合理地处理和应对海洋问题，是中国政府和人民必须面对的重大问题，也是学者研究的重大任务。而从海洋法角度理解和研究海洋问题，无疑是一个重要的路径选择。我国和国外许多国际法和海洋法学者和工作者近些年来对海洋问题和海洋争端进行了全面深入的研究，取得了丰硕成果，发表了诸多颇有见地的文章和著作，这是可喜的现象。

金永明同志这部《海洋问题时评》的出版就是这种努力的结果，他应是此等努力的奋进者。他从海洋法的视角，结合海洋问题的情势，深入浅出地研究了我国面临的多个重大海洋问题，尤其是东海问题和南海问题，以期为我国建设海洋强国，包括认识和理解海洋问题，发展中国海洋事业作出绵薄的学术贡献，也为进一步宣传和阐释海洋问题的本质提供素材和参考，发挥学者的点滴作用。这一努力值得赞扬和肯定。

期待更多优秀的学术成果问世。是为序！

中国政法大学国际法学院教授、博士生导师

周忠海

2014年6月

于北京知春路锦秋家园

前　言

　　当前和今后一段时间，我国将长期面临海洋问题的威胁和挑战。换言之，我国已进入海洋问题的爆发期，应对海洋问题的关键期，以及研究海洋问题的重要期。如何合理地处理和应对海洋问题，是中国政府和人民必须面对的重大问题，也是学者研究的重大任务。而从海洋法角度理解和研究海洋问题，无疑是一个重要的路径选择。为此，《海洋问题时评》(第一辑)从海洋法的视角，结合海洋问题的情势，深入浅出地研究了我国面临的多个重大海洋问题，尤其是东海问题和南海问题，以期为我国建设海洋强国，包括认识和理解海洋问题，发展中国海洋事业作出绵薄的学术贡献，也为进一步宣传和阐释海洋问题的本质提供素材和参考，发挥学者的点滴作用。

目 录

序 言 / 001

前 言 / 005

海洋法的理论与中国 / 001

论海洋法的历史与发展趋势 / 003

应逐渐弥补海洋法的制度缺陷 / 008

Limitations of Laws of the Sea / 011

领海基线怎么划 / 016

专属经济区和大陆架重叠了怎么划界 / 019

海洋科学研究与军事测量活动的关系 / 022

如何应对专属经济区内的军事演习 / 026

从国际法看打击索马里海盗行动 / 030

中国海军护航急需法制建设 / 034

与中国的海洋争端不适用裁判制度 / 037

冲之鸟是岛屿还是岩礁 / 040

开拓新视野 发展中国大洋事业 / 043

《联合国海洋法公约》的基本特点 / 047

东海问题时评 / 051

中日推进东海开发的路径选择 / 053

Japan Must Honor Law of Sea / 056

Keeping Calm at Sea Essential / 061

中国应使日本承认钓鱼岛归属存在争议 / 066

中国应做细中日海洋谈判准备 / 070

中国应加强对钓鱼岛及其附属岛屿的综合管理 / 073

Dispute Denial Will Not Work / 077

日本海洋战略的成型与发展 / 080

日美海权同盟建议合力构筑新海权 / 084

钓鱼岛争端的由来及走向 / 089

Japan Should End the Farce / 095

中国应做好钓鱼岛问题长期化的准备 / 099

中日应加快海洋问题谈判进程 / 104

中日有必要重申《中日和平友好条约》的原则精神 / 108

Defuse Dangerous Tensions between China and Japan / 112

改善中日关系的几点思考及建议 / 116

中国应完善东海海空安全执法制度 / 120

Work to Make a Sea Change / 123

论日本所谓"固有领土"之含义 / 127

中国应再次定位中日关系 / 131

南海问题时评 / 135

中国应分层应对南海问题 / 137

For Order in South China Sea / 140

按国际法和平解决南海问题 / 144

How to Resolve the South China Sea Issue / 148

May Better Sense Prevail in Sea Disputes / 152

中国基于南海U形线的主张果真毫无依据吗 / 156

解决南海问题的现实步骤 / 162

"搁置争议、共同开发"再思考 / 166

解决南沙岛礁领土争议的法律障碍 / 170

China Must Safeguard Island / 181

"黄岩岛事件"的国际法分析 / 185

"黄岩岛事件"不能成为坏榜样 / 189

Manila All at Sea Over Islands / 194

菲提南海争议仲裁不合理 / 198

从国际法看菲律宾枪击台渔船事件 / 202

How to Build a Sea of Peace and Amity / 205

Manila Barking up the Wrong Tree / 209

Hanoi Must Stop Muddying the Waters / 213

Drilling Is Legal and Legitimate / 217

Resolve South China Sea Issue First / 221

中国与海洋问题 / 225

从"雪龙"号归来再看南极科考 / 227

"海洋的世纪"需要"和谐海洋" / 230

中国海洋经济发展的要义与法制建设 / 233

中国分层次解决海洋问题的必由之路 / 238

中国应尽快制定实施海洋基本法 / 241

制定基本法律：应对海洋问题的有效选择 / 244

中国建设海洋强国的内涵 / 248

Maritime State to Maritime Power / 252

中国应避免"三海联动" / 255

中国海洋强国战略顶层设计 / 259

阅读延伸索引 / 267

后　记 / 271

海洋法的理论与中国

论海洋法的历史与发展趋势

现今和将来中国面临众多的海洋问题，而依据海洋法的原则和制度是解决各种海洋问题的有效途径之一。为此，有必要论述海洋法的发展史及其相关制度内涵，以进一步认识和理解海洋法的要义，合理解决海洋问题。

一、海洋法的渊源与历史发展

众所周知，地球上的生命起源于海洋，现有生物的90%以上生息于占地表面积70%的海洋中。海洋通过人员交流及贸易连接世界，海洋也成为国家及区域的边界，在人类历史中海洋仍将发挥重要的作用。而与海洋有关的习惯法历史悠久，可追溯到古希腊时代。在古罗马时代，根据万民法，海洋对所有人开放，禁止私人占有及分割，即所谓的海洋自由。进入中世纪后，欧洲各国开始对沿岸海域主张领有权，从而出现了对抗自由用海的势力。大航海时代，作为海洋帝国的西班牙和葡萄牙将世界分为大陆和海洋两部分，并对其实施控制。被称为"国际法之父"的荷兰国际法学家格老秀斯（1583—1645年）强烈反对将"海洋的万人之物"加以领有或控制，主张海洋自由原则，代表作为《海洋自由论》（*Mare Liberum*，1609年），他仅在例外情况下承认国家的管辖权，例如，根据习惯沿海国可对海湾、海峡实施领有权；沿海国可对离陆地的沿岸区域具有一定的管辖权。对此，英国的塞尔登(1584—1654年)为使英国对海洋的控制正当化，提出了"领有海洋"的观点，代表作为《闭海论》(*Mare Clausum*，1618年)。

在大航海时代以后的国际社会中，一般将海洋分为国家权利可及的"狭窄的领海"、不属任何人但可自由利用的"宽广的公海"(公海自由原则)两部分。由于领海直接关系到沿海国的安全及渔业资源，具有相当重要的地位，所以，在18世纪时，领海一般为3海里，从19世纪后半期开始，领海增为4海里，并发展到12海里。此时，明确海上交战国和中立国权利义务的条约与原来的国际习惯法成了海洋法的法源。

进入20世纪后，随贸易的扩大及远洋渔业的发展，对海洋的利用与需求不断扩大，特别在渔业权、海峡通航权、军舰的地位等方面，在各国之间产生了不同的立场与主张，单个相关法律制度也无法处理这些问题了。为此，在1930年，为对与海洋有关的国际习惯法进行法典化，在国联的主持下于海牙召开了国际法典编纂会议。在有约50个国家参加的会议上，由于各国对领海的宽度意见对立，无法缔结相关的条约。但这次会议的召开，开启了国际社会制定海洋法的进程。

此后，对海洋法关注的重要契机为，第二次世界大战后的1945年9月，美国杜鲁门总统发布的大陆架公告(即《美国关于大陆架的底土和海床的自然资源的政策的第2667号总统公告》)。其中指出，美国政府认为，处于公海下但毗连美国海岸的大陆架的底土和海床的自然资源属于美国，受美国的管辖和控制。此公告发布后，很多国家相继仿效，主张沿海国对其附近海域的管辖权，为此，联合国主持召开了第一次联合国海洋法会议(1958年)。经过讨论和审议，缔结了包括《领海及毗连区公约》《公海公约》等在内的联合国体系下的"日内瓦海洋法四公约"。但在这次会议上没有规定领海的范围或宽度，所以，联合国又于1960年举行了第二次联合国海洋法会议，但由于各国的意见依然严重对立，加上时间急迫，也未能对领海宽度达成一致。20世纪60年代后，非洲及中南美洲的新兴国家，开始主张距海岸200海里的领海或专属经济区。在这种背景下，特别是随着科学技术的进步，尤其是国家开发大陆架海底资源技术的发展，传统的大陆架有被技术发达国家无限扩张和霸占的趋势，为此，在1973年举行了第三次联合国海洋法会议，以制定综合管理海洋的海洋法公约。经过长达10年的讨论和审议，国际社会于1982年通过了《联合国海洋法公约》。

二、《联合国海洋法公约》的体系与发展前景

《联合国海洋法公约》被称为"海洋的宪章"，其综合性地规范了各种海域的制度。《联合国海洋法公约》由本文及九个附件构成，包括此后缔结的实施协定或执行协定在内，其条文数多达500余条。可见其涵盖内容之多，问题之复杂。特别是《联合国海洋法公约》具体地规定了各种海域的法律地位、沿海国及非沿海国的权利和义务，并就保全海洋环境和争端解决制度等作出了明确的规定。《联合国海洋法公约》尤其确立了领海的最大范围为12海里，新设了专属经济区和国际海底等制度。同时，创设了解决海洋争端的国际海洋法法庭、管理国际海底活动的国际海底管理局，以及审查200海里外大陆架的大陆架界限委员会。

国际社会经过10余年努力通过的《联合国海洋法公约》，至其1994年生效，又经历了12年时间。久未生效的主要原因为，多数发达国家不满建立在"人类共同继承财产"基础上的国际海底制度的相关规范，从而对其的批准问题持消极态度，延缓了《联合国海洋法公约》的生效进

程。为加快《联合国海洋法公约》的生效步伐，特别是使其早日成为普遍性的制度规范，自1990年起，在联合国秘书长的主导和推动下，共举行了两轮15次非正式磋商，终于在1994年7月通过了《关于执行联合国海洋法公约第十一部分（国际海底区域）的协定》。此《执行协定》兼顾和消除了多数发达国家关切的问题与障碍，加快了主要发达国家加入《联合国海洋法公约》的步伐，以及《联合国海洋法公约》的普遍化进程。迄今，已有162个国家和国际组织（欧盟）加入了《联合国海洋法公约》，并成为其缔约国，《公约》已发展成为普遍性的条约。

根据《联合国海洋法公约》于1996年设立的国际海洋法法庭，是一个专以解决《联合国海洋法公约》的解释和适用为任务的国际司法机构。其常设地在德国汉堡，法庭兼顾地域分配原则，由选出的21名法官组成，每三年在《联合国海洋法公约》的缔约国大会上改选7名法官。对于发生在国家、区域之间的海洋争端，在当事国之间通过谈判无法解决时，可由任一当事国向国际海洋法法庭、国际法院、仲裁法院和特别仲裁法院的任一机构提出诉讼。对方只要是《联合国海洋法公约》缔约国，除与划界、领土主权、军事活动有关的争端等外，原则上应接受上述司法机构的义务管辖权。

尽管国际海洋法法庭不能解决所有的海洋问题，也不是万能的司法机构，但其在解决海洋争端时还是有一定的权限的。例如，在争端发生后，至司法机构作出判决前，国际海洋法法庭有发布具有拘束力的临时措施的职权，以阻止相关国家之间因争端造成的损害再次发展，从而保全争端各方的各自权利或防止对海洋环境的严重损害；该法庭也可迅速发布释放因违反沿海国法令而被逮捕和扣留的船舶及其船员的命令。

2009年，国际海洋法法庭首次接受了孟加拉国与缅甸间的海域划界案。由于《联合国海洋法公约》辐射面广，且多数条款内容是妥协和折中的产物，所以，在具体的适用方面存在很多的分歧，但可以肯定的是，随着国际海洋法法庭受理重要案件数量的增加，累积判例后，能对《联合国海洋法公约》的相关制度的确立和发展作出一定的贡献。

　　21世纪被称为"海洋的世纪"，现今除传统的海洋问题外，国际社会又面临诸如海盗犯罪、海域环境污染、海洋资源滥用、海洋能源资源争夺等问题。围绕海洋的问题多样而复杂，且人类未知领域众多，而为解决这些问题，就需要国际社会整体行动，特别应遵守《联合国海洋法公约》的制度规范，包括通过对话和沟通，修正相关条款内容，减少对《联合国海洋法公约》的理解和适用上的分歧，消除对立与争议，并创造条件进一步发挥诸如国际海洋法法庭等司法机构的作用，统一解释和完善《联合国海洋法公约》规范的相关制度内涵，维护海洋秩序，为全人类造福。国际社会应努力遵循、阐释及适用《联合国海洋法公约》规定的原则和制度，包括通过对话与合作等方法，和平地解决各种海洋问题争端，以从海洋及其资源获取人类社会发展所需的能源资源及其他利益。为此，我国一方面应进一步研究《联合国海洋法公约》的相关原则和制度，为解决我国面临的海洋问题提供理论保障；另一方面，更为重要的是，应不断完善我国的海洋政策与法制，特别应制定国家海洋发展战略，包括大力发展海洋经济，以统筹解决海洋问题、争端，发展我国海洋事业。

　　　　　　　　　本文原刊于《中国海洋报》2011年10月14日，第4版

应逐渐弥补海洋法的制度缺陷

《联合国海洋法公约》是折中与调和的产物,当初的目的是为让多数国家接受其制度,以增加其适用的普遍性。但其模糊表述的弊端已在国家间的实践中显现。这些制度性缺陷应在今后的《公约》修改中予以补充和完善。

今年正值《联合国海洋法公约》生效15周年。在人口不断膨胀、资源能源需求日益提升、安全保障环境严峻等问题凸显的当今国际社会,海洋的重要性日益显现。由于世界主要国家均是按《公约》规定的制度和要求来制定和实施各自的海洋行为原则,因此对《公约》的研究显得十分必要。

《公约》是在第三次联合国海洋法会议(1973年12月—1982年12月)上通过的。在签字日(1982年12月10日)当天就有117个国家的代表在《公约》上签字,先后参加会议的有167个国家的代表团。所以,该次会议是国际关系史上参加国最多、规模最大、时间最长的一次外交会议,也是国际法编纂史上所拟公约条文最多、签字国最多的一次会议,因此具有最为广泛的代表性。

这部被称为"海洋宪章"的《公约》有以下三个重要的成果:

第一,确立了领海宽度的最大范围。《公约》第3条规定,每一国家有权确定其领海的宽度,直至从按照本公约确定的基线量起不超过12海里的界限为止,从而解决了在第一次和第二次联合国海洋法会议上海洋大国与沿海国无法解决而长期对立的领海宽度问题,为确定其他海域的界限奠定了基础。

第二,根据海域的不同地位,细化了海域的范围及沿海国的管辖权。即《公约》将海域分为内水、领海、毗连区、专属经济区和大陆架、公海、国际海底区域等,并赋予它们不同的法律地位,规定了沿海国对海域的管辖权,从而为各国开发利用海洋及其资源确立了相应的制度。特别是通过修改大陆架制度(标准和范围)、建立专属经济区和国际海底制度,为各国合理开发利用上述海域及其资源提供了法律保障。更值得一提的是,《公约》设置了确定200海里以外大陆架界限、管理国际海底制度的机构——大陆架界限委员会和国际海底管理局。

第三,创设了争端解决制度。即《公约》不仅规定了解决争端的方法,而且建立了解决争端的程序和机构——国际海洋法法庭,从而克服了第一次联合国海洋法会议"日内瓦海洋法四公约"中不规定争端解决机制,而只在附属议定书中规定争端解决机制的弊端。当然,国际海洋法法庭还扩大了提起诉讼的主体,即缔约国以外的满足一定条件的实体,例如,自治联合体、非自治区域及国际组织,以及国际海底管理局、企业部、国营企业、自然人或法人,也能向国际海洋法法庭提起诉讼。

考虑到为能使众多的国家尽早加入或批准《公约》,使其成为普遍性的海洋法条约,根据一些国家特别是海洋强国的要求,国际社会对《公约》作了修改和完善,分别通过了《1994年执行协定》和《1995年执行协定》。前者旨在让少数发达国家尽早加入或批准《公约》,后者旨在改善各国之间的合作,以便船旗国、港口国和沿海国更有效地执行为跨界鱼类所制定的养护和管理措施。

《公约》存在的缺陷，包括关于大陆架的定义、军舰通过他国领海问题、相向或相邻国家间海域的划界问题等过多地照顾了少数发达大国；也没有对极地资源开发问题是否适用《公约》相关制度作出规定等。因为《公约》是折中与调和的产物，某些内容是模糊不清的，存在不同解释的可能性，这样做的目的是为了让多数国家接受其制度，以增加其普遍性。

这些缺陷已在国家间的实践中显现，包括引发了不同的解释、甚至分歧，从而增加了相关国家间的对立和冲突的可能性，影响沿海国的海洋权益和安全利益，进而危及国际和区域的和平与安全。为此，这些制度应在今后的《公约》修改中予以补充和完善。

例如，对于相向或相邻国家间的海域划界问题，国际社会存在中间线原则和公平原则的分歧，但从国际判例和国家实践来看，公平原则已发展成为习惯法规则；关于专属经济区内的军事活动问题，也存在自由派和同意派的对立，考虑到他国的军事活动可能影响或危害沿海国的和平与安全，所以，沿海国有权制定相关规章，采取事先同意的原则；关于岛屿制度，针对《公约》第121条也存在不同的解释和学说。为此，在修改《公约》时应考虑以上因素与最新发展趋势，以明确对这些问题的规范，避免产生分歧和对立。

本文原刊于《东方早报》2009年11月23日，第A12版

Limitations of Laws of the Sea

The series US-Republic of Korea (ROK) military exercises has, for justified reasons, caused widespread concern in China. The scale and non-peaceful purpose of the joint drill, conducted perilously close to China's maritime border, make it different from normal military exercises.

International disputes should be settled through peaceful dialogues within the framework of international laws and conventions, not by saber rattling. But the media in China should not fan nationalist sentiments over the drill without providing background information on the laws of the sea. Some vague reports may mislead the public that the joint drill was conducted in China's territorial waters, which is impossible.

The waters on the landward side of the baselines of the territorial sea of China constitute its internal waters. The breadth of the territorial sea of China is 12 nautical miles, measured from the baselines of the territorial sea, which is determined by the UN Convention on the Law of the Sea (called Convention hereafter). A country's sovereignty extends to the air space over the territorial sea, as well as its bed and subsoil. And the waters of archipelagic countries extend to an adjacent belt of sea, described as the territorial sea.

The laws of the sea don't include any concepts or terminologies of military drills, which incidentally need a large area of a sea to conduct and force all other maritime activities to be suspended.

The Convention on the High Seas (1958) guarantees freedom of navigation, fishing, laying submarine cables and pipelines, and flying over the high seas to all countries, coastal or landlocked. These freedoms, and others which are recognized by the general principles of international law, should be exercised by all states with reasonable regard to the interests of other states in their exercise of the freedom of the high seas. Plus, the high seas should be reserved for peaceful purposes.

Though holding military drills has long been regarded as a traditional freedom on the high seas, the international community is yet to agree on a clear specification. And many countries use this freedom to flex their military muscles on the high seas.

So, we should focus on military drills in exclusive economic zones. An exclusive economic zone is an area beyond and adjacent to the territorial sea. A country's exclusive economic zone cannot extend beyond 200 nautical miles from the baselines from which the territorial sea is drawn.

In its exclusive economic zone, a country has the sovereign right to explore and exploit, and conserve and manage the natural resources, whether living or non-living, of the waters superjacent to the seabed and of the seabed and its subsoil, and with regard to other activities for economic exploration and exploitation of the zone, such as the production of energy from the water, currents and winds.

The international community has not agreed on how a military exercise in exclusive economic zones should be viewed. Some strong sea powers adamantly cite Article 58 of the Convention to say they can hold military drills without seeking permission from other coastal countries.

Some other countries argue a military drill should be judged on the basis of its purpose and nature. Drills that include firing torpedoes and navy artilleries are banned. The legally accepted exercise model is interpreted only as maritime activities involving warships. As for exercises with weapons and explosive materials, the organizers have to negotiate with coastal countries beforehand. The international community has not agreed on the legitimacy of military drills or missile trials that hamper other countries' use of a large area of a sea.

The third group of countries supposes that the Convention is not clear on the exclusive rights of surrounding coastal countries to permit another country to conduct military exercises involving weapons near their waters. The difference in understanding of the problem of naval military drills has long been a controversial issue.

In this sense, the peaceful use of the sea should be a universal code. A proper analysis of military exercises in exclusive economic zones should be based on a drill's intentions and the principles of exclusive economic zones. Coastal countries have legal obligations and rights over the natural resources in their exclusive economic zones. Military drills held by a country (or countries) in a special zone should not interfere with another (coastal) country's rights.

Some of the big sea powers dodged a detailed discussion on maritime military activities at the 3rd UN Conference on the Law of Sea, silencing some developing countries' voices to exercise their rights in their exclusive economic zones. That's why the Convention is apparently defective. Still, Article 59 of the Convention can serve as a guiding principle to settle disputes in exclusive economic zone.

If a conflict of interest arises between a coastal country and any other country or countries, it should be settled on the basis of equity. The settlement should take into account the respective importance of the interests of the parties involved and that of the international community.

Thus, China can protest against the military drill in the territorial sea and exclusive economic zone of the ROK because it posed a potential threat to China's national security.

When it comes the military drill in China's exclusive economic zone, the government should voice its concern and demand that the other parties respect its national security and legitimate rights in its exclusive economic zone. A country holding a military drill is obliged to inform the other countries around the coast about the area, scale and nature of its drill in advance.

The dispute over military drills between China and the US can be settled by strengthening mutual trust. If the two countries can build a maritime security negotiation mechanism or reach an agreement in dealing with maritime emergencies, not only can disputes be avoided, but also Sino-US ties will be consolidated.

As far as military drills in China's exclusive economic zone are concerned, Beijing can also start strong protest campaigns for the drafting of a common law to plug the loopholes in the Convention. According to Article 313 of the Convention, China can propose an amendment related to military drills. And not being a contracting party to the Convention, the US will face more pressure and may be pushed on the back foot.

本文原刊于《中国日报》2010年8月24日,第9版

领海基线怎么划

众所周知,《联合国海洋法公约》将海域分为内水、领海、毗连区、群岛水域、专属经济区、大陆架、公海、国际海底区域。而上述海域的界限或范围是以"领海基线"为起点确定的,换言之,领海基线是将各基点连接起来的一条线,以此为依据确定沿海国的海域范围。

那么,领海基线是如何确定的呢?一般来说,确定领海基线的方法有三种,即正常基线、直线基线和混合基线。

根据《公约》第5条的规定,测算领海宽度的正常基线,是沿海国官方承认的大比例尺海图所标明的沿岸低潮线。

《公约》第7条第1款规定,在海岸线极为曲折的地方,或者如果紧接海岸有一系列岛屿,测算领海宽度的基线的划定可采用连接各点的直线基线法。

当然,为避免沿海国因采用直线基线致使海域面积过大,《公约》对划定直线基线也规定了限制条件,主要为:第一,直线基线的划定不应在任何明显的程度上偏离海岸的一般方向,而且基线内的海域必须充分接近陆地领土,使其受内水制度的支配。第二,一国不得采用直线基线制度,致使另一国的领海同公海或专属经济区隔断。

对于第三种混合基线,《公约》第14条规定,沿海国为适应不同情况,可交替使用正常基线和直线基线的方法以确定基线。

领海基线确定了之后,才能确定领海宽度、领海外部界限和内水范围。《公约》第3条规定,一国领海的宽度,"直至从按照本公约确定的基线量起不超过12海里(1海里=1852米)的界限为止"。第4条规定,领海的外部界限是一条其每一点同基线最近点的距离等于领海宽度的线。第8条第1款规定,领海基线向陆一面的水域构成国家内水的一部分。

考虑到在相向海域的距离不满24海里的情形下,国家间就存在划分领海的问题,《公约》规定了划分领海的"中间线原则"。即《公约》第15条规定,如果两国海岸彼此相向或相邻,两国中任何一国在彼此没有相反协议的情形下,均无权将其领海伸延至一条其每一点都同测算两国中每一国领海宽度的基线上最近各点距离相等的中间线以外。

另外,《公约》第16条规定,沿海国确定的测算领海宽度的基线,或根据基线划定界限和划定的分界线,应在足以确定基线的位置的一种或几种比例尺的海图上标出;同时,沿海国应将这种海图或地理坐标表妥为公布,并将副本交存于联合国秘书长处。

可见,为确定沿海国的领海范围,必须将基线在海图上标出。为此,需要用国内法予以佐证,以确定领海范围。2009年2月17日,菲律宾国会通过了领海基线法案。其将中国的黄岩岛和南沙群岛的部分岛礁划为菲律宾领土,试图以此为基点确定海域范围。

对此,我国外交部指出,黄岩岛和南沙群岛历来是中国领土的一部分;中国对这些岛屿及其附近海域拥有无可争辩的主权;任何其他国家对黄岩岛和南沙群岛的岛屿提出领土主权要求,都是非法的、无效的。

关于我国的领海问题,我国《关于领海的声明》已于1958年9月4日宣布,即我国的领海宽度为12海里;其适用于中国的一切领土,包括中国大陆及其沿海岛屿，台湾及其周围各岛、澎湖列岛、东沙群岛、西沙群岛、中沙群岛、南沙群岛以及其他属于中国的岛屿。同时宣布，中国大陆及其沿海岛屿的领海以连接大陆岸上和沿海岸外缘岛屿上各基点之间的各直线为基线，从基线向外延伸12海里的水域为中国的领海。

可见，我国采用直线基线方法确定领海，且范围为12海里。这些内容也得到了我国的《领海及毗连区法》（1992年2月25日发布，并施行）的确认。例如，其第3条规定，中国的领海宽度从领海基线量起为12海里；中国领海基线采用直线基线法划定，由各相邻基点之间的直线连线组成；中国领海的外部界限为一条其每一点与领海基线的最近点距离等于12海里的线。

当务之急，我国应进一步公布其他的领海基线，以完善领海制度。因为，我国自1996年5月15日发表《中国政府关于中国领海基线的声明》，宣布中国大陆领海的部分基线和西沙群岛的领海基线以来，未公布其他的领海基线。同时，上述声明规定，中国政府将再行宣布中国其余领海基线，为我国宣布其余领海基线提供了法律基础。我国政府对其他领海基线，尤其是南沙群岛领海基线的宣布，对于确定我国管辖海域范围，维护我国海洋权益、加强巡航执法力度等具有重要的意义。

本文原刊于《东方早报》2009年5月4日，第A14版

专属经济区和大陆架重叠了怎么划界

从国际司法和国家实践来看，关于海域的划界公平原则已成为国际习惯法，中间线的适用如果可以带来公平的结果，则可以适用；如果不能带来公平的结果，则不能适用。同时，该中间线必须是相关国家予以公认和同意的，否则，也不能作为划界的起始工作线。

关于专属经济区，《联合国海洋法公约》第55、57条规定，专属经济区是领海以外邻接领海的一个区域，从测算领海宽度的基线量起，不应超过200海里。

关于大陆架，《公约》第76条第1款规定，沿海国的大陆架包括其领海以外依其陆地领土的全部自然延伸，扩展到大陆边外缘的海底区域的海床和底土，如果从测算领海宽度的基线量起到大陆边的外缘的距离不到200海里，则扩展到200海里的距离。

可见，在200海里内专属经济区与大陆架的海底部分是重叠的。同时，当海域宽度不满400海里时，在相邻或相向国家间就存在专属经济区和大陆架的划界问题。

对于专属经济区和大陆架的划界问题，《公约》作了内容相同的规定，具体规定在第74条和第83条。例如，《公约》第83条规定，海岸相向或相邻国家间大陆架的界限，应在《国际法院规约》第38条所指国际法的基础上以协议划定,以便得到公平解决;有关国家如在合理期间内未能达成任何协议,应诉诸争端解决程序;在达成上述协议以前,有关国家应基于谅解和合作的精神,尽一切努力作出实际性的临时安排,并在此过渡期间内,不危害或阻碍最后协议的达成,这种安排应不妨碍最后界限的划定。

从上可以看出,国家间存在海域划界争议时,首先应以协议划界,划界结果应公平;其次,在未能达成划界协议时,应努力合作以便作出临时安排,同时,应不实施危害或阻碍最后协议达成的行为;第三,这条规定也未涉及中间线原则和公平原则,只是规定了划界结果应公平,所以,如果利用相关国家认可的中间线划界能带来公平的结果,则可以适用,否则就不能适用。

对于专属经济区与大陆架之间的关系,国际社会存在两种观点。第一,吸收说,即专属经济区制度已吸收了大陆架制度。第二,平行说或独立说,即专属经济区和大陆架制度是不同而独立的制度。

笔者倾向于后一种观点。理由为:第一,设立目的不同,即专属经济区规范的是与经济活动有关的生物资源,而大陆架规范的是海床和洋底及其底土(自然资源);第二,范围不同,200海里是专属经济区的最大范围,却是大陆架的最小范围;第三,权利基础不同,沿海国对大陆架的权利是固有的,无需宣布,而沿海国对专属经济区的权利需要国家的宣布,可以因条约的改变而改变;第四,划界考虑的因素不同,专属经济区划界时多考虑与经济有关的因素,大陆架划界时多考虑与地理有关的因素。

我国是一个海洋地理相对不利的国家,与多个国家存在海域划界问题,包括岛屿主权归属争议。目前,我国只与越南缔结了北部湾划界协定,与其他国家的海域划界工作还未完成。在岛屿主权归属存在争议、争议海域存在分歧的情况下，我国主张"搁置争议、共同开发"。但是争议还是不断，例如，2009年3月5日，马来西亚总理登上南沙群岛的弹丸礁，宣示对该礁及其附近海域的主权，试图扩大其管辖海域范围。所以目前在南海，重要的任务是尽快制定《南海各方行为宣言》的具体细则，例如《南海各方行为准则》，以维护南海稳定。

关于专属经济区的范围，我国《专属经济区和大陆架法》(1998年6月26日公布施行)第2条规定，中国的专属经济区为中国领海以外并邻接领海的区域，从测算领海宽度的基线量起延至200海里。关于大陆架的范围，该法第2条规定，中国的大陆架为中国领海以外依本国陆地领土的全部自然延伸，扩展到大陆边外缘的海底区域的海床和底土，如果从测算领海宽度的基线量起至大陆边外缘的距离不足200海里，则扩展至200海里。关于专属经济区和大陆架的划界问题，第2条规定，中国与海岸相邻或相向国家关于专属经济区和大陆架的主张重叠的，在国际法的基础上按照公平原则以协议划定界限。

从国际司法和国家实践来看，关于海域的划界公平原则已成为国际习惯法，中间线的适用如果可以带来公平的结果，则可以适用；如果不能带来公平的结果，则不能适用。同时，该中间线必须是相关国家予以公认和同意的，否则，也不能作为划界的起始工作线。

本文原刊于《东方早报》2009年5月5日，第A17版

海洋科学研究与军事测量活动的关系

2009年5月1日,美国海军监测船"胜利"号违反有关国际法和中国法律法规规定,在未经中方许可情况下进入黄海中国专属经济区活动。由于《联合国海洋法公约》未对军事测量活动作出明确规定,所以只能从海洋科学研究方面的内容寻找依据。缔约国可以向联合国秘书长发出书面通知,要求对《公约》进行修正,增加对军事测量活动的规定。

中国海监自2006年7月20日开始在我国管辖海域实施定期维权巡航以来,在东海、南海和黄海已多次发现了外国的军舰和测量船舶在我国专属经济区内进行测量活动,这些活动严重威胁了中国的国家安全。《公约》未对军事测量活动作出明确规定,也没有出现军事测量活动的术语,所以,应从海洋科学研究方面的内容着手解析,并寻找相关依据。

所谓的"海洋科学研究",是指"按照本公约专为和平目的、为增进关于海洋环境的科学知识以谋全人类利益而进行的科研活动"(《公约》第246条第2款、第3款)。《公约》第238条规定了所有国家都有进行海洋科学研究的权利。第240条规定了海洋科学研究的原则:专为和平目的而进行,并应遵守包括保护海洋环境在内的一切有关规章。

在专属经济区和大陆架上进行海洋科学研究，应经沿海国同意。在正常情形下，沿海国应对其他国家的海洋科学研究计划予以同意，但如果海洋科学研究计划涉及：(1) 与生物或非生物自然资源的勘探和开发有直接关系；(2) 涉及大陆架的钻探、炸药的使用或将有害物质引入海洋环境；(3) 涉及《公约》第60条和第80条所指的人工岛屿、设施和结构的建造、操作或使用；① (4) 含有依据第248条②提出的关于该计划的性质和目标的不正确情报，或如进行研究的国家或主管国际组织由于先前进行研究计划而对沿海国负有尚未履行的义务，则沿海国可以不同意。

而涉及"研究或测量活动"，《公约》第19条第2款是将"进行研究或测量活动"作为损害沿海国的和平、良好秩序或安全的一种活动处理的；第21条第1款规定，沿海国可针对海洋科学研究和水文测量制定关于无害通过领海的法律和规章。

可见，"研究或测量活动"范围比"海洋科学研究和水文测量"范围大，它包含了其他的调查和测量活动。就军事测量活动而言，其调查结果一般是不公开的，似乎应区别于海洋科学研究，且因其损害沿海国的和平与安全，所以有些国家采用事前同意原则。

如果其他国家在专属经济区从事未申请的调查活动，或调查活动与事先申请内容不同的，则沿海国可要求其暂停或停止活动（《公约》第253条）。

由于《公约》对军事测量活动规范模糊，因而各国的实践也不同。

---

① 《联合国海洋法公约》第60条对"专属经济区内的人工岛屿、设施和结构"进行了规定；第80条对"大陆架上的人工岛屿、设施和结构"进行了规定。
② 《联合国海洋法公约》第248条为"向沿海国提供资料的义务"，规定各国和各主管国际组织有意在一个沿海国的专属经济区内或大陆架上进行海洋科学研究,应在海洋科学研究计划预定开始日期至少六个月前，向该国提供关于计划的性质和目标、使用的方法和工具等情况的详细说明。

具体来说，美国和英国认为，军事测量活动原则上是自由的，不受沿海国的管辖。多数国家则认为，军事测量活动应坚持沿海国同意原则，否则就不能实施，例如，日本、印度、中国等。

问题是，他国的船舶尤其是军舰或政府委托的船舶未经沿海国批准，擅自在他国专属经济区海域实施军事测量活动时，情况将更为复杂，应对的手段极其有限，因为根据《公约》第95、96条和第58条第2款规定，该未经批准的他国船舶享有完全的豁免权。

由于《公约》未明确和平目的的内容，因此，一般认为，只要与《联合国宪章》不矛盾的军事活动都是可行的。沿海国发现他国的军舰在本国的专属经济区内从事测量或调查活动时，除通过外交途径提出抗议外，只能采取干扰、跟踪、要求停止、退去等方法；如果对方未听劝告继续进行，沿海国似乎也无能为力。当然也可以派遣军舰相威胁，但有可能会导致更紧张的局面。

其实，还有一个有效的法律手段：缔约国可以向联合国秘书长发出书面通知，要求对《公约》进行修正，增加对军事测量活动的规定，以解决各国因对军事测量活动的解释不同而引发的争议问题。多数国家坚持军事测量活动应得到沿海国同意的立场，会使少数海洋大国压力很大，尤其是美国迄今未批准《公约》，对上述的书面通知中提到的修正案无法表态。此书面声明也许能在大多数缔约国的响应下，推动修正《公约》，以解决此难题。

中国规范海洋科学研究的法规为《专属经济区和大陆架法》(1998年6月26日公布施行)和《涉外海洋科学研究管理规定》(1996年6月18日发布，1996年10月1日起施行)。例如，《专属经济区和大陆架法》第9条规定，任何国际组织、外国的组织或者个人在中国的专属经济区和大陆架进行海洋科学研究，必须经中国主管机关批准，并遵守中国的法律、法规;《涉外海洋科学研究管理规定》第4条规定,外方单独或者与中方合作进行海洋科学研究活动,须经国家海洋行政主管部门批准或者由国家海洋行政主管部门报请国务院批准,并遵守中国的有关法律、法规。

上述条款所指的海洋行政主管部门实质上是指国家海洋局,但对于军事测量活动概念未作任何规定。实际上,中国采用广义的海洋科学研究活动(包括军事活动)概念,并实行事前许可制度。因此,应通过修改上述法规的有关条款,以明确主管机关和军事测量活动的具体内容。

本文原刊于《东方早报》2009年5月7日,第A19版

如何应对专属经济区内的军事演习

美韩近日在黄海的联合军事演习，距我国山东半岛仅170公里，严重地影响和危害我国的海防安全。

一般来说，对于在韩国的领海和专属经济区内的军事演习，我们只能就影响我国的国防安全进行抗议；对于在我国专属经济区内的军事演习问题，我国应向演习国提出我国的关切，希望他们尊重我国在专属经济区内的权益包括国防安全，并通过双边对话协商解决。在军演前，实施国具有向相关国家通过外交渠道通报实施时间和区域等内容的义务。近期美韩联合军演的规模和频度，显然已超越一般军演范畴，且有明确的对象和非和平的意图，所以广受关注，特别是该军演离我国管辖海域很近，带来的危害就更为深远。换言之，使用或威胁使用武力的方法，不利于争议的解决，只会造成问题的严重化与解决的困难化。

在海洋法中，不存在军事演习的概念或术语。而在公海的军事演习被认为是传统的公海自由之一。当然，国际社会针对公海的军事演习也存在不同的观点，并缺乏相应的明确的规范，但事实上仍有多数国家继续在公海进行军事演习，并已成为惯例。为此，我们更应关注专属经济区内的军事演习问题。

对于专属经济区内的军事演习问题，国际社会存在三种观点，并未形成统一。

第一种观点认为,《联合国海洋法公约》第58条原则上承认外国在他国的专属经济区内的军事演习,不需要沿海国的同意,即所谓的自由行为论,代表性国家为主要的海洋大国。

第二种观点认为,是否承认军事演习应根据其行为的性质而定。所谓的区别行为论,诸如伴随发射鱼雷、射击舰炮等那样的演习是禁止的;军事演习被解释为伴随军舰的活动,属于国际合法用途之一;像使用武器及爆炸物的演习,应事前与沿海国协商;对于一段时间内妨碍其他国家使用广阔海域的军事演习及导弹试验的合法性问题未定。

第三种观点认为,伴随使用武器的演习等活动在《公约》中并未作出明确规定,即,未确定其是沿海国的权利还是利用国的权利,所谓的未定行为论。

可见,国际社会对军事演习问题存在不同的认识,因而存在不同、甚至对立的国家实践。

在《公约》的制定过程中,并未对军事演习问题作讨论,所以,只能从和平利用海洋的角度加以考察。与和平利用海洋有关的条款为《公约》第58条第2款、第88条和第301条,但这些条款并未对"和平目的"作出定义。所以,至今仍未能作出明确的界定,为此,对于专属经济区内的军事演习问题,应根据其特征和性质进行具体的分析,特别应结合专属经济区的立法宗旨与相关制度加以考察,并寻找对策。

专属经济区是介于领海与公海之间的特殊海域,有特殊的法律地位,这体现在国家对其的管辖权方面。例如,沿海国对专属经济区有勘探和开发、养护和管理海床和底土及其上覆水域的自然资源为目的的主权权利,以及关于在该区从事经济性开发和勘探,如利用海水、海流和风力生产能源等其他活动的主权权利;同时,对海洋环境的保护和保全等具有管辖权。所以,针对他国在我国专属经济区内的军事演习问题,我们应具体分析军事演习活动的影响和性质。

从上可以看出,专属经济区制度蕴藏着最恰当地利用资源的思想,包括赋予沿海国对资源可行使主权权利,采取合适的养护和管理资源的义务,为此,可分析军事演习活动是否给养护和管理资源、海洋环境等带来了影响,以证明利用国是否适当顾及了沿海国的权利和义务。

值得注意的是,在公海和专属经济区内,与军事活动有关的问题多具有政治属性,多数又属于军事机密,尤其是军事大国、海洋大国在第三次联合国海洋法会议中尽力回避对军事活动问题(包括军事演习)作出明确规定的做法,致使一部分发展中国家争取专属经济区的权利和利益最大化的努力受阻,从而在《公约》的相关条款中存在明显的缺陷,出现了不同的解释和不同的国家实践。

可喜的是,对于专属经济区内未归属的权利和义务,甚至在发生冲突的情形下,可根据《公约》第59条的规定,应在公平的基础上参照一切有关情况,考虑到所涉及利益分别对各方和整个国际社会的重要性,加以解决。该条款对于新时期的、具有高科技特点的军事演习问题来说,具有指导性的作用。

同时,由于军事活动(军事演习)方面的争端可以用书面声明方式,表示不接受《公约》的强制性程序,所以,特别应在中美两国之间构筑信赖关系,具体可利用海上安全协商机制,包括缔结海上事故预防协定之类的条约。在协商中应明确我国无意挑战美国的立场,承认其在亚洲的作用和地位,但望理解和尊重我国的合理关切,寻求谅解与合作。目的是为了稳定中美关系,避免冲突与对抗。如果无法做到这些,则可适时利用其他手段,比如经济手段,使美国知悉和则两利、斗则俱损的实质,从而使其调整相应的策略。

总之，对于其他国家在我国专属经济区内的军事演习问题，我们应对的方法是有限的。除通过双边会谈解决外，还可通过继续发表强烈的抗议和声明，以逐步积累国家实践，使其成为硬法或习惯法。另外，作为缔约国，我国可根据《公约》第313条的规定，利用简化程序提出修正案，以修改与军事演习有关的制度，使不是缔约国的美国处于尴尬的局面，对其造成压力，并使与军事演习有关的制度尽早发展成为习惯法。

本文原刊于《东方早报》2010年11月29日，第A14版

从国际法看打击索马里海盗行动

1991年以来,索马里一直战乱不断,沿海地区海盗活动猖獗。2008年1—11月间中国船只频繁途经亚丁湾、索马里海域,其中20%受到过海盗袭击。此次中国海军的护航行动是我国按照联合国安理会有关决议和相关国际法决定的,对维护国际海上通道畅通和亚丁湾、索马里海域的安全,具有重要意义。

经过10天10夜航行,中国海军赴亚丁湾、索马里海域执行护航任务的舰艇编队,于亚丁湾当地时间6日凌晨顺利抵达任务区,开始护航。据交通运输部新闻发言人介绍,已有15艘中国商船申请6—10日期间的护航。

如上所述,1991年以来,索马里一直战乱不断,沿海地区海盗活动猖獗;索马里附近海域被国际海事局列为世界上最危险的海域之一。据国际海事组织统计,2008年那里发生了120多起海上抢劫行为,超过30艘船只遭劫,600多名船员遭绑架;现在仍有10多艘船在海盗手中。亚丁湾、索马里海域,中国船只也频繁途经,2008年1—11月间,平均每天有3—4艘次中国商船路过;据悉,其中20%受到过海盗袭击,仅劫持事件就发生了7次,我国船舶和人员安全面临严重威胁。

迄今,北约、欧盟、俄罗斯、印度、韩国等也已经或者宣布准备向索马里以北的亚丁湾派出军舰,打击海盗,维护安全。

国际法规定各国均可打击海盗行为

国际社会对于"海盗"是如何界定的？又如何规范惩治海盗的行为？我们可以看看国际法，尤其是《公海公约》(1958年制定，1962年生效)和《联合国海洋法公约》(1982年制定，1994年生效)的相关内容。

传统意义上的"海盗"，是指私人的船舶为私人目的在公海对其他船舶进行强暴、掠夺的行为。但第一次联合国海洋法会议通过的《公海公约》将海盗的界定范围扩大了，这一新概念得到了第三次联合国海洋法会议通过的《联合国海洋法公约》的支持，即不仅私人的船舶、私人飞机及其机员和乘客，为私人目的对其他船舶和飞机或其人员和财物进行非法的暴力、扣留或掠夺行为，都为"海盗"。《公海公约》第14条、《联合国海洋法公约》第100条规定，所有国家应尽最大可能相互合作，制止在公海上或在任何国家管辖范围以外的任何其他地方的海盗行为。《公海公约》第15条、《联合国海洋法公约》第101条规定，海盗行为指：(1) 私人船舶或私人飞机的船员、机组成员或乘客为私人目的，对下列对象所从事的任何非法的暴力、扣留或掠夺行为：第一，在公海上对另一船舶或飞机，或对另一船舶或飞机上的人或财物；第二，在任何国家管辖范围以外的地方对船舶、飞机、人或财物。(2) 明知使船舶或飞机成为海盗船舶或飞机的事实，而自愿参加其活动的任何行为。(3) 教唆或故意便利上述 (1) 和 (2) 所述行为的任何行为。《公海公约》第19条、《联合国海洋法公约》第105条规定，在公海上，或在任何国家管辖范围以外的任何其他地方，每个国家均可扣押海盗船舶或飞机或为海盗所夺取并在海盗控制下的船舶或飞机，逮捕船上或机上人员并扣押船上或机上财物；扣押国的法院可判定应处的刑罚，并可决定对船舶、飞机或财产所应采取的行动，但受善意第三者的权利的限制。《公海公约》第21条、《联合国海洋法公约》第107条规定，由于发生海盗行为而进行的扣押，只可由军舰、军用飞机或其他有清楚标志可以识别的为政府服务并经授权的船舶或飞机实施。

我国军舰赴索护航符合国际社会期望

可见，各国拥有在公海或其他国家管辖范围以外的地方打击海盗行为的权利，因为海盗自古以来都被认为是"人类的敌人"。但应注意的是，所谓的海盗行为需具备以下两个条件：第一，须是利用损害公海航行安全的方法，对其他船舶或飞机进行的非法的暴力、扣留或掠夺的行为；第二，须是私人的船舶或私人的飞机为私人目的进行的非法的暴力、扣留或掠夺行为。如果判定错误，对船舶或飞机进行了扣留（登临），则相关国家应承担因此造成损失或损害的赔偿责任。例如，《公海公约》第20 (22) 条、《联合国海洋法公约》第106 (110) 条规定，如果扣押（登临）涉有海盗行为嫌疑的船舶或飞机而并无足够理由，扣押国应向船舶或飞机所属的国家负担因扣押（登临）造成的任何损失或损害的赔偿责任。

因此，尽管国际法尤其是海洋法对惩治海盗行为作了明确的规定，各国可用军舰、军用飞机或政府授权的船舶和飞机打击、制裁，但由于海盗行为的不可预见性、隐蔽性，海域尤其是公海的广大性，各国一般不会轻易行动，除非有联合国安理会通过的决议。近期，联合国安理会作出的关于打击亚丁湾、索马里海域海盗行为的四次决议，为各国合作行动提供了明确的法律保障。

铲除索马里海盗，需要标本兼治，关键是联合国须加强对索马里安全、人道主义等的援助，包括派遣联合国维和部队，切实改善其国内秩序，解决难民生活物资所需，避免局势进一步恶化。我国政府根据安理会决议，并受索马里政府邀请，在参照有关国家的做法后，作出派军舰远赴亚丁湾、索马里海域护航、打击海盗的决定，符合国际社会的期望，符合国际法，是中国参与国际多边合作的重要举措，树立了中国愿承担国际义务的大国形象，赢得了广泛的称赞。

本文原刊于《文汇报》2009年1月7日，第5版

中国海军护航急需法制建设

2011年12月26日,是中国海军派遣护航编队赴索马里、亚丁湾海域打击海盗行为,实施护航行动三周年的纪念日。三年间,中国海军共派出10批25艘次舰船、8400余名官兵执行护航任务,对403批4383艘中外船舶实施了护航,确保了被护船舶和人员百分之百安全。

中国海军赴索马里、亚丁湾海域打击海盗行为,保护商船和人员安全,保护世界粮食计划署等国际组织运送人道主义物资船舶安全,并为外国商船提供人道主义救助等,起了重要的作用,也为维护区域和国际和平与安全作出了贡献。

从中国海军护航行动看,其具有以下特点:

第一,进一步提升了中国海军在远海的应变和处置能力。中国海军派战舰赴索马里、亚丁湾海域实施打击海盗行为的活动,不仅锻炼了我国海军赴远洋实施任务的能力,也为维护我国海外战略利益,履行国际人道主义义务,确保重要运输物资安全起了重要的保护作用。

第二,中国海军的护航行为深受肯定和鼓舞。我国海军在10批护航编队的行动中,保持了100%的成功率,并开创了护航的新模式,包括伴随护航、区域护航和随船护卫,极大地提升了海军护航的效率。例如,2010年9月4日,"昆仑山"舰一次安全护送27艘中外商船,受到国际社会的赞许。在这次护航行动中，我国利用船坞登陆舰携带的气垫登陆舰和高速巡逻艇吨位大、机动性和续航力强的优势，在危险海区、时段使用坞载艇配合直升机前出警戒，扩大了控制海域，所以护航能力大增，既创造了护航的新方式，又提升了护航的效率。

第三，中国海军护航呈现常态化的趋势。如上所述，在这三年中，中国海军共有10批护航编队参加，严格实施定期轮替护航制度，已经形成了常态化的行为。一般认为，只要索马里、亚丁湾海域的海盗行为依然存在，特别在联合国安理会的授权和沿岸国的请求或同意下，我国依然会继续派遣海军军舰实施护航行动，以维护包括我国在内的众多国家在该海域的运输物资和人员安全，保护国际社会的共同利益。

第四，进一步加强了与其他国家海军之间的交流。由于美国、俄罗斯、日本、欧盟等国家和国际组织均派舰艇参加了打击索马里、亚丁湾海域海盗行为的护航行动，所以，中国海军通过参与索马里、亚丁湾海域的护航行动，在协调信息、航道分配、应对紧急事态等方面加强了与其他国家海军之间的交流和沟通，增进了互信和理解。中国海军护航编队结束护航任务后，访问其他国家；中国护航舰艇在也门亚丁、阿曼塞拉莱、沙特吉达、塞舌尔、吉布提等地补给修整时展开的活动等，加深了互相之间的友情。

中国海军赴索马里、亚丁湾海域的护航行动是根据联合国安理会的相关决议，以及索马里政府邀请，在参照有关国家的做法后，作出的打击海盗行为的决定，而在三年后的今天，中国面临应加快完善国内相关法制的问题。因为，包括联合国安理会决议在内的国际法，是无法直接适用于中国国内的，一般需要转化为国内法或明确规定可以直接适用国际法的国内法规范。为此，针对中国海军在索马里、亚丁湾打击海盗的护航行动，中国需要制定诸如取缔海盗等法律或在刑法中增加打击海盗行为的条款。在相关国内法律中，特别需要明确有权打击海盗行为的组织机构、海盗罪名以及处罚等方面的内容。

本文原刊于《东方早报》2012年12月27日，第A16版

与中国的海洋争端不适用裁判制度

《联合国海洋法公约》为解决海洋争端提供了一套详尽而灵活的机制。它不仅规定了解决争端的方法,而且建立了解决争端的程序和机构——国际海洋法法庭,克服了1958年"日内瓦海洋法四公约"中不规定争端解决机制而只在附属议定书中规定争端解决机制的弊端。即《公约》成功地将争端解决机制规定在其第十五部分(争端的解决)。

根据《公约》相关条款的规定,要求各国以和平方法解决争端,尊重各国协议所规定的自行选择的和平方法解决争端,并根据国家的主权平等原则,赋予了各国自由选择争端解决方法的权利。例如,关于《公约》的解释或适用的争端,任何国家可以在签署、批准或加入《公约》时,或在其后任何时间,有自由用书面的方式选择一个或一个以上方法,即依靠国际海洋法法庭、国际法院、仲裁法庭、特别仲裁法庭解决。如果争端各方未接受同一程序以解决这项争端,除各方另有协议外,争端仅可提交《公约》附件七所规定的仲裁。

换言之,相关国家如果选择了解决争端的同样的方法,则可在它们之间利用同一程序;如果相关国家没有选择同样的方法解决争端,则可以采用仲裁的方法解决争端,但是否采用仲裁的方法解决争端,必须得到他方的同意;如果一方选择的方法想让他方适用,必须得到他方的明确同意，否则不能提交该方法解决争端。

关于提起诉讼的主体问题，《国际法院规约》第34、35条规定，在国际法院得为诉讼当事国者，限于国家；国际法院受理本规约各当事国之诉讼。可见，在国际法院的当事国只限于国家。在国际海洋法法庭，提起诉讼的主体比较多样，既可以是缔约国，也可以是满足一定条件的缔约国以外的实体，例如，自治联合体、非自治区域和国际组织，以及国际海底管理局、企业部、国有企业、自然人或法人。

关于国际法院的管辖事项问题，《国际法院规约》第36条规定，国际法院之管辖包括各当事国提交之一切案件，及联合国宪章或现行条约及协约中所特定之一切事件。关于国际海洋法法庭的管辖事项，《国际海洋法法庭规约》第21条规定，法庭的管辖权包括按照本公约向其提交的一切争端和申请，和将管辖权授予法庭的任何其他协定中具体规定的一切申请。可见，对于管辖事项，国际法院管辖的是一切案件，而国际海洋法法庭管辖的是一切争端和申请，即国际法院的管辖事项多于国际海洋法法庭的管辖事项。

另外，《公约》缔约国可以根据第287条，通过声明的方式接受法院或法庭的强制管辖权；同时，缔约国对于《公约》第298条所列举的争端也可以书面声明对于一类或一类以上争端不接受自己选择的法院或法庭的强制管辖权。这种选择性的例外为：关于划定海洋边界或涉及历史性海湾或所有权的争端，军事活动以及关于行使主权权利或管辖权的法律执行活动的争端，以及正由安理会执行宪章所赋予的职务的争端；同时，作出这种声明的缔约国，随时可撤回声明。

中国与他国的海洋划界问题众多，中国又不想通过国际性机构解决争端，因为在涉及重大国家利益问题上，中国一贯不主张由第三者处理争端，所以，中国于2006年8月25日依据《公约》第298条规定，向联合国秘书长提交了书面声明，即对于《公约》中涉及海洋划界、领土争端、军事活动等争端，中国政府不接受《公约》第十五部分第二节规定的任何国际司法或仲裁管辖。可见，对于与中国之间存在的海洋问题争端，不适用裁判制度，将由相关国家通过协商解决。

本文原刊于《东方早报》2009年5月13日，第A14—15版

冲之鸟是岛屿还是岩礁

日本政府的立场是将《联合国海洋法公约》第121条的第1款和第3款内容分开予以处理和认识的，这显然违反从文本解释得出的观点和制定岛屿制度的原意，并严重违反公平，损害公海自由。

某些国家一直在打岛屿的主意。因为，一块岩石或小礁如能成为岛屿，就能以此为基点主张专属经济区和大陆架，使国家的海域范围大幅度地扩大，从而可获得更多的海洋利益。因此，岩石或小礁的法律地位问题，即：符合什么样的条件才能成为国际社会认可的岛屿，就成为可以获得相应的专属经济区和大陆架的关键。

国际社会针对岛屿制度的讨论，始于1930年在海牙召开的国际法典编纂会议。其关于领海的报告书指出，所有的岛屿拥有自己的领海。报告中所谓的岛屿是指，四面环水并在高潮时持续或永久地高于水面的陆地区域。然而，在这次会议上并未缔结相关的协定或公约。

此后，国际法委员会在准备1958年第一次联合国海洋法会议关于岛屿制度的草案第10条中规定了上述岛屿的定义："岛屿是指，四面环水并在高潮时通常情况下永久地高于水面的陆地区域。"该条第1款规定，岛屿是四面环水并在高潮时高于水面的自然形成的陆地；第2款规定，岛屿的领海按照本条约各条款的规定测算。对岛屿制度的上述条款的修改主要是考虑了美国的立场。

首先，岛屿必须是自然形成的陆地，而上述草案中包含了人工形成的陆地，美国担心相关国家通过不当手段以人工形成的陆地主张领海，致使其领海扩张，进而损害公海自由。其次，美国认为，上述草案中的"通常情况下"与"永久"互相矛盾，而国家实践中并没有确立因异常或季节性的潮流活动影响岛屿地位的具体活动。所以，美国坚持必须消除该要件。

同时，《领海及与毗连区公约》中关于岛屿制度的规定也被吸收到了《联合国海洋法公约》关于岛屿制度的规定内。

在1967年成立的联合国特设委员会(1968年改为常设的"和平利用国家管辖范围以外海床洋底委员会")，以及第三次联合国海洋法会议(1973—1982年)上，关于岛屿制度的内容也存在争议。主要分为以下两种观点：

其一，主张应根据一定的标准将岛屿分类，并赋予各类岛屿不同的法律地位。这派理由为，人类不能居住、不能维持经济生活的小岛取得其周围200海里的专属经济区等广大的海域，将严重影响海洋的自由使用，限制了以人类共同继承财产为基础的国际海底区域的范围。所以，一些国家主张，应按照岛屿的形状、大小、人口的多少等各种标准将它们分为岛屿和岩石(或岩礁)。

其二，主张对岛屿不设具体标准，赋予所有的岛屿统一的地位。后经审议和协调，结果在第三次联合国海洋法会议上通过的《公约》关于岛屿的定义中(第121条)达成了妥协。

关于岛屿制度的《公约》第121条第1款规定，岛屿是四面环水并在高潮时高于水面的自然形成的陆地区域；第2款规定，除第3款另有规定外，岛屿的领海、毗连区、专属经济区和大陆架应按照本公约适用于其他陆地领土的规定加以确定；第3款规定，不能维持人类居住或其本身的经济生活的岩礁，不应有专属经济区或大陆架。

从上述条款内容可以看出，国际社会间接地采纳了统一处理派的观点，但并不完全，因为存在《公约》第121条第3款的内容。

从以上分析可以看出，第1—3款都是关于岛屿制度的规定，所以，第3款中的岩礁也应是第1款中的岛屿的一种，即第3款中的岩礁被认为是岛屿的特别形态，这种观点广为学界认可。换言之，《公约》第121条整体是关于岛屿制度的规定，第3款的岩礁只是例外的岛屿，只是被称为岩礁，所以，第3款的岩礁也应符合第1款规定的要件。

当然，上述对《公约》第121条的文本解释，也存在不同的意见。例如，1999年4月16日举行的众议院建设委员会上，日本政府代表在回答关于冲之鸟岛礁的问题时指出，冲之鸟满足《公约》第121条第1款岛屿的条件，它是岛屿，不是岩礁；同时指出，第121条第3款不是关于岛屿的规定，而是关于岩礁的规定，况且《公约》也没有关于岩礁的定义，即使从国家实践来看，根据此条也不能成为特定地形，不能拥有专属经济区和大陆架的依据。日本政府现在仍持上述观点。可见，日本政府的立场是将《公约》第121条的第1款和第3款内容分开对待和认识的，这显然违反上述从文本解释得出的观点和制定岛屿制度的原意，并严重违反公平，损害公海自由。

最后特别应强调的是，《公约》虽没有关于岩礁的定义，相关的国家实践也并未确定和形成统一的标准，但不能否定的是，对《公约》第121条的解释应从严，否则第3款就不能发挥限制第2款的作用，相应地，增设第3款的意义就不存在了。

本文原刊于《东方早报》2010年7月13日，第A13版

开拓新视野　发展中国大洋事业

近日，中国"大洋一号"经过约300天的航程，已完成第三次环球科考任务，顺利返航。迄今我国经过三次 (2005年4月2日—2006年1月22日、2007年1月8日—8月15日和2008年5月22日—2009年3月17日) 环球航次，已基本调查了国际海底 (尤其是东太平洋、西南太平洋和西南印度洋海底区域) 的有关资源状况，对于确保我国在国际海底获取经济社会发展所需的战略资源、维护我国海洋权益，具有重要的推进作用。

一、国际海底的法律地位与资源开发制度

"大洋一号"的活动范围，主要为《联合国海洋法公约》的国际海底 (简称"区域")。关于"区域"的范围，《公约》第1条、第133条规定，"区域"是指国家管辖范围以外的海床和洋底及其底土；"区域"内"资源"是指"区域"内在海床或其下原来位置的一切固体、液体或气体矿物资源，其中包括多金属结核。关于"区域"的法律地位，《公约》第136条规定，"区域"及其资源是人类的共同继承财产。

人类共同继承财产原则在《公约》"区域"内地位的确立，是发展中国家在第三次联合国海洋法会议 (1973—1982年) 上与发达国家主张的"无主物原则""共有物原则"和"公海自由原则"斗争的结果。其

主要具有以下特征：第一，共同共有，即国际海底及其资源属于全人类所有，为全人类利益服务；第二，共同管理，即国际海底资源的一切权利由代表全人类的国际海底管理局行使，为全人类进行管理；第三，共同参与，即国际海底内的活动，向所有国家开放，目的是通过平等参与"区域"内活动，提高技术和获得培训的机会，求得发展；第四，共同获益，即国际海底内活动取得的利益，由各国共享，为全人类获益。

关于国际海底资源的开发方式问题，《公约》第153条规定了平行开发制度。平行开发制的确立，是与国际海底资源的单一开发制、国际注册制和国际执照制斗争的产物。国际社会已具有完备的开发国际海底资源的法律制度。

二、中国在国际海底制度上的发展成就

自1972年联合国大会通过第2758号决议，决定恢复中国在联合国的合法席位后，我国就积极参与国际海洋事务。尤其是在国际海底制度上，我国一贯支持联合国海底委员会工作，并认为国际海底应用于和平目的，其资源原则上属于各国人民共有，应由各国共同拟定有效的国际制度和建立相应的国际机构进行管理和开发。

我国在国际海底制度上的实践进程，主要可分为三个阶段。

第一，准备阶段（1978—1990年）。我国大洋事业（或深海事业）始于1978年，即1978年4月"向阳红05号"考察船在进行太平洋特定海区综合调查过程中，首次从4784米水深的地质取样中获得了多金属结核。1981年，我国政府声明中国已具备国际海底先驱投资者的资格。我国根据国务院1984年批准的文件，即《关于加强大洋锰结核资源调查工作的指示》，推进了国际海底资源勘探活动。1990年经国务院批准，中国大洋

矿产资源开发协会(简称"大洋协会")成立,作为我国专门从事国际海底资源的研究开发活动、维护我国开发国际海底资源的权益的重要机构。

第二,收获阶段(1991—1999年)。我国于1990年8月21日向(国际海底)筹备委员会主席提交了申请,即要求按照《公约》决议二的规定代表大洋协会登记为先驱投资者的申请。经审议,筹备委员会于1991年3月5日决定,批准中国在东北太平洋海底勘探多金属结核矿区的申请,分配给申请者面积为15万平方公里的开辟区。

第三,提升阶段(2000—2008年)。2001年5月22日,大洋协会秘书长与国际海底管理局秘书长在北京签署了勘探合同,标志着我国对东北太平洋7.5万平方公里的矿区拥有勘探多金属结核的专属权利,以及对该区域的多金属结核进行商业性开采活动的优先开采权。在能力建设方面,2002年,我国已完成对"大洋一号"科考船的现代化改装工作。改装后的科考船已可承担地形、重力和磁力、地质和构造、综合海洋环境、海洋工程及深海技术等方面的调查和实验工作。在国际事务及地位方面,2000年我国连任理事会B组成员,并于2004年当选为理事会A组成员。

三、我国在开发国际海底资源方面面临的挑战和任务

第一,应合理安排国内富钴结壳和热液硫化物研究工作。我国可利用现有研究和先前航次的调查成果,在考虑上述资源的特性、开采制度、商业开采储量需要、国际金属市场需求状况,以及开发技术的难易程度等因素后,提出自己的主张,合理安排,加强研究。

第二,加强深海开采技术攻关。国际海底制度的最终目标为实施商业性开发"区域"资源活动,而深海开采技术是实现商业开采的关键要

素。我国应在确保深海资源占有量的同时，考虑和研制深海技术，包括深海技术发展目标、建立深海技术体系、储备关键深海技术等，并开展重点领域的国际合作，实现我国深海技术的跨越式发展。

第三，继续加强深海科学研究工作。我国应利用大洋协会长期积累的海上调查能力，整合人才队伍，与国内优势单位配合，加强"区域"内海洋科学研究，并建立数据库，增强我国在深海科学研究领域的地位。

第四，加强对全球海底金属市场的调查研究。我国应加强对全球金属市场的调查研究，合理制定我国相关产业政策，并向管理局提供制定相关资源开发规章的意见和建议。

第五，加强国际海底制度研究的资金投入。实现国际海底资源的勘探和开发活动，需要巨额的资金，为此，我国应扩大投资者的主体范围及合作方式，包括利用民间资本、中外合资、外国独资等，并制定相关的政策和措施，例如，融资、税收等方面的优惠政策。

第六，合理规划国内勘探规章制定工作。我国可根据国际海底管理局于2000年7月制定的《"区域"内多金属结核探矿和勘探规章》要求，制定开采国际海底多金属结核的国内规章，为我国企业开发该资源提供法律保障。

本文原刊于《文汇报》2009年3月23日，第10版

《联合国海洋法公约》的基本特点

1982年通过、1994年生效的《联合国海洋法公约》由本文320条和9个附件组成。因其内容的丰富和具体，被称为"海洋宪章"。《公约》现已成为国际社会综合规范海洋问题的条约，得到各国的普遍遵守。

《公约》主要具有以下六个基本特点：

第一，确立了领海宽度的最大范围。例如，《公约》第3条规定，每一国家都有权确定其领海的宽度，直至从按照本《公约》确定的基线量起不超过12海里的界限为止。即国家可以将领海宽度确定为最大12海里的界限。

第二，根据海域的不同地位细化了海域范围。《公约》将海域分为内水、领海、毗连区、群岛水域、专属经济区、大陆架、公海、国际海底区域等。不同的海域具有不同的法律地位，沿海国对其的管辖权也不同。简言之，离陆地领海基线距离越远的海域，国家的管辖权就越弱或越有限。

第三，修改了大陆架制度的标准或范围，并创设了大陆架外部界限制度。《大陆架公约》(1958年) 第1条规定，大陆架是指邻接海岸但在领海范围以外、深度达200米，或超过此限度而上覆水域的深度容许开采其自然资源的海底区域的海床和底土。即所谓的200米水深标准或可开采标准。对此,《公约》第76条第1款规定,沿海国的大陆架包括其领海以外依其陆地领土的全部自然延伸,扩展到大陆边外缘的海底区域的海床和底土,如果从测算领海宽度的基线量起到大陆边的外缘的距离不到200海里,则扩展到200海里的距离。可见,《公约》对大陆架范围采用了自然延伸标准或200海里距离标准,从而极大地扩展了沿海国对大陆架的管辖范围。

同时,《公约》在大陆架制度中为限制沿海国的大陆架范围,对大陆架的范围作了制约性规定,即所谓的大陆架外部界限制度,是指国家划定大陆架外部界限应遵行的规范和程序等方面的内容。对沿海国大陆架外部界限的限制,主要表现在三个方面:一是在界限距离方面的限制;二是在界限设定程序方面的限制;三是在开发非生物资源上的制约。《公约》作出上述规定的目的,主要是让代表全人类的国际海底管理局公平分配对200海里以外的大陆架上的非生物资源开采所带来的利益,实现真正公平分享利益的原则,为全人类谋福利。

第四,建立了专属经济区制度。主要包括以下内容:一是关于专属经济区的范围。根据《公约》第55、57条的规定,专属经济区是领海以外并邻接领海的一个区域,从测算领海宽度的基线量起,不应超过200海里。二是关于专属经济区的划界。这主要规定在《公约》第74条中。从其内容可以看出,专属经济区的划界既没有言及等距离原则,也没有言及公平原则,只是强调了有关国家应根据协议划界且划界结果公平的重要性。三是国家在专属经济区内的权利。主要包括两个方面:沿海国在专属经济区内的权利和其他国家在专属经济区内的权利。

第五,创设了国际海底制度,并设置了专职机构。即《公约》建立了以人类共同继承财产原则为基础的国际海底制度(简称"区域"制度)。例如,《公约》第136条规定,"区域"及其资源是人类的共同继承财产。所谓的"区域",根据《公约》第1条第1款(a)项的规定,"区域"是指国家管辖范围以外的海床和洋底及其底土;而所谓的"资源",根据《公约》第133条第1款规定,"资源"是指"区域"内在海床或其下原来位置的一些固体、液体或气体矿物资源,其中包括多金属结核。

当然,人类共同继承财产原则在"区域"内的法律地位的确立,是与"区域"应适用无主物原则、共有物原则和公海自由原则斗争的产物,是第三世界、尤其是七十七国集团在第三次联合国海洋法会议中广泛团结合作的结果。

另外,应指出的是,《公约》设置了管理"区域"内活动的机构——国际海底管理局(简称"管理局")。例如,《公约》第157条第1款规定,管理局是缔约国按照本部分组织和控制"区域"内活动,特别是管理"区域"资源的组织。同时,《公约》确立了开发国际海底资源的平行开发制。平行开发制是与单一开发制、国际注册制和执照制斗争的产物。所谓的平行开发制,根据《公约》第153条第2款规定,"区域"内活动由企业部进行和由缔约国或国营企业,或在缔约国担保下的具有缔约国国籍或由这类国家或其国民有效控制的自然人或法人,或符合本部分和附件三规定的条件的上述各方的任何组合,与管理局以协作方式进行。

第六,创设了争端解决制度,并设立了国际海洋法法庭。《公约》为解决海洋争端提供了一套详尽而灵活的机制。它不仅规定了解决争端的方法,而且建立了解决争端的程序和机构——国际海洋法法庭,克服了1958年"日内瓦海洋法四公约"中不规定争端解决机制而只在附属议定书中规定争端解决机制的弊端。即《公约》成功地将争端解决机制规定在其第十五部分(争端的解决)中。根据《公约》相关条款的规定,要求各国以和平方法解决争端，尊重各国协议所规定的自行选择的和平方法解决争端，并根据国家的主权平等原则，赋予了各国自由选择争端解决方法的权利。例如，关于《公约》的解释或适用的争端，任何国家可以在签署、批准或加入《公约》时，或在其后任何时间，有自由用书面的方式选择一个或一个以上方法，即按照国际海洋法法庭、国际法院、仲裁法庭、特别仲裁法庭解决。如果争端各方未接受同一程序以解决这项争端，除各方另有协议外，争端仅可提交《公约》附件七所规定的仲裁。换言之，相关国家如果选择了解决争端的同样的方法，则可在它们之间利用同一程序；如果相关国家没有选择同样的方法解决争端，则可以采用仲裁的方法解决争端，但是否采用仲裁的方法解决争端，必须得到他方的同意；如果一方选择的方法想让他方适用，也必须得到他方的明确同意，否则不能提交该方法解决争端。

当然，《公约》不仅具有上述特点，也存在一些缺陷。例如，针对专属经济区内的剩余权利归属不明、岛屿制度过于模糊、专属经济区和大陆架的划界原则缺乏可操作性等，所以仍有修改和完善的必要，但其依然是综合规范海洋问题的法典，各国必须遵守。

本文原刊于《中国海洋报》2012年8月29日，第4版

东海问题时评

中日推进东海开发的路径选择

2010年1月17日，日本外相冈田克也在会见中国外长杨洁篪时指出，如果中国决定在春晓油气田开展生产，日本政府将判断其违反两国共同开发协议，并会采取必要措施。2月21日，日本《每日新闻》报道称，如果中国对东海油气田实施单独开发，则日本会将此事提交国际海洋法法庭，从而明确了日本强调的所谓"必要措施"内容。

不过，根据《中日关于东海问题的原则共识》（简称《原则共识》）规定，日本可根据中国有关法律出资参与合作开发，这与"共同开发"有本质区别。

东海问题自2004年5月突发后，中日多次磋商，仍无法就东海问题的划界达成妥协，特别在海域划界应适用的原则和方法、钓鱼岛及其附属岛屿主权归属及其作用等方面存在严重的分歧。而为使东海成为和平、合作、友好之海，中日双方经过认真磋商，一致同意在实现划界前的过渡期间，在不损害双方法律立场的情况下进行合作，为此，两国外交部门于2008年6月18日公布了《原则共识》。

在性质上属于政治意愿的《原则共识》文件中，主要包括两个方面的内容：

第一，中日关于东海共同开发的谅解。其中的共同开发区块由七个坐标点组成，面积约为2700平方公里。对上述共同开发区块的要求是，双方应经过联合勘探，本着互惠原则，才可选择双方一致同意的地点进行共同开发。前提是双方应努力为实施上述开发履行各自的国内手续，尽快达成必要的双边协议。

第二，关于日本法人依照中国法律参加春晓油气田开发的谅解，即中国企业欢迎日本法人依照中国对外合作开采海洋石油资源的有关法律，参加对春晓油气田的开发。换言之，《原则共识》中春晓油气田的开发活动是一种主权属我国的合作开发。同时，上述两个方面的内容是可以分开单独进行的，并不是需要一起展开推进的。

从上述两个方面的内容也可以看出，《原则共识》中既存在共同开发，也存在合作开发。对于春晓油气田的开发就是合作开发，如果日本法人不向中国企业提出合作开发的申请活动，则我国对春晓油气田的开发活动仍可继续进行。所以，日本外长对此的说法也是无法律根据的。

共同开发与合作开发的关键性区别在于，主权是否存在争议。传统意义上的共同开发，是指对争议海域的矿床或海域边界附近的矿床连接在一起的资源进行共同开发的情形。而《原则共识》中的上述指定区块的共同开发区域，既不是争议海域，也不是海域边界附近的矿床连接在一起的区域，所以，《原则共识》中指定的共同开发区块的法律地位是不确定的。

笔者认为，为进一步实现两国达成的政治意愿，应切实推进《原则共识》的具体实施，以消除反对者对《原则共识》的否定态度。为此，在《原则共识》的问题上，应注意以下几点：

第一，两国应创造条件，培育适合推进《原则共识》实施的良好环境。特别是媒体应准确全面地报道相关新闻和信息，使国民认识到中日两国实施《原则共识》的必要性和重要性。

第二,切实遵守《原则共识》规范的制度。尽管《原则共识》是一个不具有法律性质的文件,但两国也必须遵守执行,以增加互信。

第三,积极开展实施《原则共识》的磋商进程。可以通过政府和民间的双轨渠道进行,包括采纳学者的意见和建议,制定出双方可接受的共同开发的具体方案。

第四,完善相关国内法规和双边制度。为实施《原则共识》指定区块内的共同开发,需要明确适用何种或何国法律的问题,为此,中国应加快制定诸如日本《海洋构筑物安全水域设定法》那样的法律,以适用于东海共同开发制度内。同时,为避免两国在东海发生冲突,建议实施和完善海上热线联络机制,以避免发生不必要的冲突和事故。

本文原刊于《东方早报》2010年2月25日,第17版

Japan Must Honor Law of Sea

The 14 Chinese fishermen and their trawler, detained off Ishigaki harbor in Okinawa after a collision with Japan Coast Guard ships on Sept.7, set off for home yesterday morning. But the Japanese authorities are still holding the Chinese captain of the trawler, Zhan Qixiong for allegedly "obstructing public duties". A Japanese court ruled on Friday that Zhan be detained for 10 days, until Sept.19.

The collision between the Chinese trawler and two Japan Coast Guard patrol vessels off the Diaoyu Islands in the East China Sea last Tuesday has developed into a diplomatic crisis between China and Japan. China has repeatedly demanded the release of the captain and its crew.

On Sunday morning, Japan Coast Guard towed the Chinese trawler into the sea near Ishigaki Island in Okinawa Prefecture to reenact the collision.

China is firmly opposed to any kind of investigation by Japanese authorities on the illegally-detained Chinese fishing trawler, Foreign Ministry Spokeswoman Jiang Yu said on Sunday. In a written statement, Jiang said Japan's so-called evidence-collecting activities are illegal, invalid and conducted in vain, and China demands Japan stop activities that could escalate the situation.

On Sunday, Chinese State Councilor Dai Bingguo told Japanese ambassador to China Uichiro Niwa to make a "wise political resolution" and immediately release the Chinese fishermen and fishing boat.

On Friday, Foreign Minister Yang Jiechi had summoned Niwa and demanded Japan unconditionally release the boat and the crew, saying China's determination to defend its sovereignty over the Diaoyu Islands and the interests of the Chinese people was unswerving.

The Chinese government has sent a fishery law enforcement ship to the area, too, to safeguard Chinese fishermen and their assets.

Japan infringed upon China's sovereignty and territory integrity when Japanese patrol ships chased the Chinese fishing trawler and boarded it forcibly. But the Japanese Coast Guard did not stop at that. It even applied Japanese law in the waters off the Diaoyu Islands, which have been Chinese territory since ancient times. Japan had no right to press charges against the Chinese fishermen according to its domestic laws.

To strengthen its presence around the Diaoyu Islands, the Japanese Coast Guard has been sending patrol ships for some time now and has repeatedly chased Chinese fishing and survey vessels. But such action cannot alter the fact that Diaoyu Islands belong to China. And history vouches for that.

First, the Diaoyu Islands were named first by China. Names such as Diaoyu Island, Chiweiyu and Huangweiyu islets have appeared in official Chinese documents since the Ming Dynasty (1368–1644). Even when the United States controlled these islands, their names did not change.

Second, the Diaoyu Islands have always been within the maritime defense boundary of China. Books written during the Ming Dynasty such as Chouhaitubian (Collection of Maritime Defense Charts) —edited by Hu Zongxian (1512–1565), then "defense minister" Wubeizhi(Record of Armed Forces)—edited by a military scholar Mao Yuanyi (1594–1640) and Wubeimishu (Secret Record of Armed Forces) —edited by another scholar Shi Yongjiu in the later part of Ming Dynasty—clearly state that Diaoyu Islands are within China's maritime defense boundary.

Fu Sheng Liu Ji (Six Chapters of a Floating Life), a famous book written by Shen Fu during the Qing Dynasty (1644–1911), has records showing the Diaoyu Islands are part of Chinese territory. The book says Qing Emperor Jiaqing (1760–1820) granted a title to the ruler of Ryukyu Kingdom with detailed descriptions, which show the territory of Ryukyu Kingdom started from Gumi Mountain (renamed Kumejima after Japan annexed Ryukyu).

Third, during the Ming and Qing dynasties, every ruler of the Ryukyu Kingdom would accept missionaries from China who granted them titles. The documents clearly say the border separating China and the Ryukyu Kingdom was between Chiweiyu and Kumejima Island. In 1701, Cai Duo, an envoy from Ryukyu Kingdom, presented a book Zhongshanshipu to Qing Emperor Kangxi (1654–1722), which said the kingdom comprised 36 islands, not including Diaoyu Islands.

Last but not less important, Empress Dowager Cixi (1835–1908) issued an order in 1893, gifting the Diaoyu Island, and the Huangweiyu and Chiweiyu islets to an official, Sheng Xuanhuai. The document is still well preserved.

The Japanese cabinet decided to include Diaoyu Islands in its territory exactly on Jan.14, 1895, which is during the Sino-Japanese war (1894—1895), claiming them to be terra nullius(land belonging to no one). That step was audacious.

After World War II, according to the Cairo Declaration (1943) and the Potsdam Proclamation (1945), the Chinese government resumed its sovereignty over the Diaoyu Islands. But then the islands were "entrusted" to the US according to the San Francisco Peace Treaty (1951) between Japan and the US, and were "returned" to Japan in 1971. To put it simply, the San Francisco Peace Treaty is illegal, for it deals with the territory of a third party.

How could the US and Japan make a decision on Chinese territory? Besides, the US only granted Japan management over the Diaoyu Islands, not sovereignty.

The dispute has to be settled between China and Japan. But the Japanese government has always refused to sit at negotiations. The dispute over the Diaoyu Islands is one of the most pressing problems between China and Japan. It is impossible for China to ignore it. And only through negotiations and joint development can the two countries settle it amicably.

The Chinese government has taken the right path by sending a fishery law enforcement ship to patrol the waters off the Diaoyu Islands. It is up to the Japanese government to see reason, accept historical facts and prevent the incident from snowballing into a bigger dispute.

China hopes Japan would take the right decision by releasing the captain of the fishing trawler, apologizing for its actions and giving fishermen proper compensation. Japan should ensure that such incidents are not repeated, for it is important for Sino-Japanese relations to develop healthily. And it is important that China use diplomatic channels to put pressure on Japan, and send fishing law enforcement ships, if needed, to safeguard Chinese fishermen.

本文原刊于《中国日报》2010年9月14日，第9版

Keeping Calm at Sea Essential

China is facing a slew of maritime problems, and may continue to do so in the near future. In the South China Sea, it has disputes over maritime boundaries with several member states of the Association of Southeast Asian Nations (ASEAN). It also has different understandings and disputes over the free use of marine resources in the South China Sea's exclusive economic zone with some countries.

In the East China Sea, it faces resource development problems, demarcation disputes and conflicts over maritime safety with Japan.

In the high seas, it has to deal with marine safety issues such as piracy, environmental pollution caused by natural and man-made disasters, and problems caused by the setting of the outer continental shelf (OCS), which affect its national interests.

These issues have the potential to influence China's maritime, even national, security greatly. Therefore, it has to handle them with utmost care.

These issues have cropped up for three reasons. First, since surveys and delimitation of land boundaries between China and its neighboring countries are mostly done, maritime disputes have replaced land disputes.

Second, globalization means China has to develop and use the seas and marine resources with increasing frequency. That apart, the number of maritime interests that China needs to protect is growing, which in turn is giving rise to more disputes.

Third, China is a relatively disadvantaged country in terms of oceanography, because of which it has disputes with other countries over sea boundaries and islands ownership.

But China's continuing reform and opening-up policy is expected to hasten its economic development further and help it secure its maritime boundaries to protect its sovereignty and national integrity. But this, to some extent, may cause misunderstandings among other countries about China's intentions and create further disputes.

To settle the disputes in the East China Sea, China should continue its talks with Japan, because an agreement on the delimitation of the sea would be the best solution for both countries.

The talks should focus on the dispute over the Diaoyu Islands and their adjacent islets and the corresponding institutional arrangement. China should emphasize its indisputable sovereignty over the Diaoyu Islands, make efforts to weaken Japan's control and management over the region and then seek joint exploitation of resources in and around the area.

As for resource development in the East China Sea, if Tokyo does not reach a compromise on the Diaoyu Islands, Beijing could set a relatively high bar for joint development in the Chunxiao fields.

To end the disputes over island ownership and demarcation of maritime boundaries with ASEAN member states, China needs to negotiate with the contenders under the principle and spirit of the Declaration on the Conduct of Parties in the South China Sea. The Declaration says all parties should initiate friendly dialogue, promote the settlement of territorial and jurisdiction disputes through peaceful means and oppose the threat or use of force.

In addition, the parties involved have to exercise restraint by not making the dispute more complicated or let it harm regional peace and stability. They should build mutual trust, make efforts to discuss and promote cooperation, and hold dialogues to settle the disputes peacefully.

Generally speaking, the above propositions and principles do not comply with only the objectives of the Charter of the United Nations, the United Nations Convention on the Law of the Sea and other international laws, but also the current international developmental trends.

It is important to settle disputes through dialogues on the basis of equality and cooperation. For example, the countries with interests in the South China Sea could freeze their disputes to prevent them from deteriorating further.

On the disputes over freedom of navigation in the South China Sea's exclusive economic zone, China should reach an understanding with other countries through dialogue. China should declare that it welcomes the United States to continue playing an active role in the Asia-Pacific region as long as Washington does not impede upon the region's interests.

When it comes to sea-lane security on the high seas, China will continue playing an active role, especially in combating piracy in the Gulf of Aden and Somali waters.

It can replicate this action in other waters to fulfill its international commitments.

China will play its due role to deal with natural and man-made disasters in seas and oceans by participating in regional and international efforts. Its purpose is to protect not only its own interests, but also that of the international community.

As for the problems caused by the setting of the OCS, China should continue to pay close attention to the review process of the Commission on the Limits of the Continental Shelf. It must focus mainly on the potential influence of the review and further strengthen the exploration of its continental shelf in the East China Sea and South China Sea, propose its OCS demarcation as soon as possible and consider cooperating on the exploration of the continental shelf.

China should work out different solutions to the different marine problems it faces according to some principles and measures.

First, China should insist on peaceful settlement of disputes over islands ownership and demarcation of waters.

Second, it must discuss new patterns for joint exploitation for resources and new mechanisms on maritime safety maintenance with the disputing parties.

Third, along with developing its sea power, it should strengthen mutual trust and understanding through exchanges and dialogues with other countries to avoid misunderstanding and miscalculation.

Fourth, it has to selectively participate in international marine affairs to enhance understanding and fulfill its due obligations.

And fifth, it should actively promote its stance on marine issues through websites and by hosting international symposiums to help other countries better understand its maritime policies.

Moreover, China has to study the law of the sea to better prepare for possible revision and to establish a framework and system for cooperation with other countries to protect its maritime rights and interests.

本文原刊于《中国日报》2010年10月12日，第9版

中国应使日本承认钓鱼岛归属存在争议

如果日本在钓鱼岛列屿问题上承认存在争议，则中国政府可要求日本解除对钓鱼岛列屿周边海域的非法警备体制，并创造条件实现"搁置争议、共同开发"，以实现资源共享目标。

2012年年初，日本冲绳县石垣市议会议员四人无视日本海上保安厅警告，非法地登上了我国的固有领土钓鱼岛。尽管此次登岛行为日本政府从全局出发进行了合理的处理，中日关系会依然如旧，但影响中日关系的海洋因素因多种原因仍会继续不断地显现或突发，所以，中日两国应就海洋问题举行实质性的磋商，并寻找解决海洋问题的具体对策。

中日两国利用高级别海洋事务磋商机制谈判包括东海问题在内的海洋问题时，势必无法回避东海问题的内涵。尽管迄今两国未明确东海问题的内涵，但一般认为，东海问题主要包括岛屿归属争议、海域划界争议、资源开发争议和海上执法冲突等，其核心是岛屿归属争议，即钓鱼岛列屿争议问题。

尽管中日两国之间曾于1998年8月启动了第一轮中日东海划界磋商谈判，后因日本对中国于2003年8月开发春晓油气田设置障碍，在2003年12月举行的第八轮磋商后，两国东海划界谈判终止。2004年5月东海问题爆发后，中日两国针对东海问题举行了11次磋商，但因双方对争议岛屿主权归属、海域划界的原则和方法等存在严重的对立和分歧，致使中日关于东海问题的谈判处于僵持的状态。此后经过秘密的多次协商，特别为实现根据两国政府首脑达成的为将东海变成和平友好合作之海的政治意愿，两国外交部门于2008年6月18日分别公布了《中日关于东海问题的原则共识》。

换言之，两国针对东海问题的争议有了一个阶段性的成果。但由于两国针对实质性问题(争议岛屿、划界原则等)未达成合意，所以依然存在着分歧和对立。也就是说，在东海问题上，日本采取了各个击破的战术，即否认争议岛屿的存在，搁置划界争议，争取先在资源开发上获得实质性的利益。

如果中日双方通过政府间换文谈判无法达成合意，则中国可提出继续就东海划界问题举行磋商，即重新启动东海划界谈判进程。实际上，中日重新启动东海划界谈判进程，也是符合《原则共识》规定的内容和精神的，因为其规定："双方一致同意在实现划界前的过渡期间，在不损害双方法律立场的情况下进行合作，并同意今后将继续进行磋商。"换言之，《原则共识》搁置了东海划界争议，但并没有关闭双方就此举行磋商的大门。必须指出的是，由于东海划界问题十分复杂，不仅涉及岛屿主权归属问题，也涉及划界的原则和方法，涉及专属经济区和大陆架制度的关系等问题，如果任何一方不作出适当的让步或妥协，则一般不会很快就此达成合意。可以预见，东海划界谈判依然具有长期性和艰巨性的特点。

如果中日两国在实质性成果上有所突破，即如果两国具体在政府间换文谈判中就共同开发、合作开发达成合意，通过协议获取东海资源，则不失为一个很好的行为，也是给中日邦交正常化40周年的巨大礼物，但中国政府必须坚持在资源开发协议中应明确钓鱼岛列屿的法律地位的立场。如果日本继续否定对钓鱼岛列屿的归属存在争议，则中日双方要想在资源开发问题上达成开发协议就十分困难。

遗憾的是，长期以来，在中日海洋问题协商或谈判过程中，日本一直否定在钓鱼岛列屿问题上存在争议，致使磋商或谈判毫无进展。那么，钓鱼岛列屿问题是否存在争议呢？尽管两国均指出钓鱼岛列屿是本国的固有领土，但固有领土并不是一个国际法或法律术语，只是一个政治术语。实际上，国家间是否存在争议问题需要从国际法上予以考察。从常设国际法院(PCIJ，1924年8月30日)审理马弗罗马提斯和耶路撒冷工程特许案(Mavromamat Palestine Concessions)的判决中可以看出，所谓的争端是指两个当事人(或国家)之间法律或事实上在某一方面存有分歧，或者在法律观点或利益上发生冲突。从此判决内容、中日针对钓鱼岛列屿的立场可以看出，钓鱼岛列屿问题在中日之间是存在争议的。同时，众所周知，日本与韩国存在竹岛(独岛)之争。与钓鱼岛列屿问题相比较，日本在竹岛问题上的地位与中国在钓鱼岛列屿问题上的地位相同，而日本外务省针对竹岛的立场为：(1) 对照历史事实和国际法，很明显竹岛是日本的固有领土；(2) 韩国占据竹岛为国际法上毫无根据的不法占据，韩国基于不法占据对竹岛采取的任何措施都无法律正当性；在日本有效支配竹岛、确立领有权以前，韩国没有提出实效支配竹岛的明确证据。所以，我国政府可以借用日本针对韩国的态度对待日本，所谓"以其人之道，还治其人之身"。这样一来，日本就无法否定中日对钓鱼岛列屿问题的争议了，否则的话，即是否定了日本与韩国就竹岛问题的争议。

如果日本在钓鱼岛列屿问题上承认存在争议，则中国政府可要求日本解除对钓鱼岛列屿周边海域的非法警备体制，并创造条件实现"搁置争议、共同开发"，以实现资源共享目标。如此，可以期待，中日关系必将迎来新的发展时期,中日战略互惠关系也将获得较大程度的充实和发展。

本文原刊于《东方早报》2012年1月19日,第A19版

中国应做细中日海洋谈判准备

最近中日海洋问题又起争议。两国应利用现有机制和平台，包括重启东海划界磋商，通过平等对话，在尊重历史事实和法律的基础上，妥善处理两国间存在的海洋问题争议。

但是，如果中日重启东海划界谈判，势必无法回避以下几个问题，为此，我们必须认真考虑和对待，并做好充分的准备。

第一，如何看待中日东海划界谈判与《中日东海问题原则共识》政府间换文谈判之间的关系。后者谈判因2010年9月7日日本海上保安厅非法抓扣钓鱼岛及其附属岛屿（简称"钓鱼岛列屿"）附近海域中国渔船和渔民事件而停止，迄今仍未恢复谈判活动。在日本政府多次要求中国政府就换文谈判进行磋商毫无进展的情况下，如果中国政府提出重启东海划界谈判事项，日本政府就此提出"中国政府如何对待政府间换文谈判"的问题时，中国政府应如何回答？对此，中国政府面临必须回答和应提出具体理由的境况，而不能再重复以前的答复或原因（国内还存在不同的意见，存在反对的声音，时机还未成熟等）。此外，还应回答东海划界谈判内容，是仅就东海划界问题谈判，还是需要涉及钓鱼岛列屿主权归属争议问题。为此，中国政府需对上述问题做好准备，并有明确的态度，做好设置议题的准备工作。

第二，启动《中日东海问题原则共识》政府间换文谈判的必要性。中日双方努力的方向是《原则共识》规定的尽快就共同开发达成必要的双边协议，对缔结春晓油气田的协议履行必要的国内手续。所以，为实现此目标，双方有继续举行政府间换文谈判之磋商义务。

第三，如何兼顾中国企业开发春晓油气田的利益问题。由于双方对《原则共识》的理解和认识存在分歧和对立，所以即使双方继续举行政府间换文谈判，要想在合作开发和共同开发两方面均取得实质性的成果，是非常困难的。如果共同开发、合作开发无法同时推进的话，如何解决我国企业开发春晓油气田的利益损失问题，即由于无法继续开发春晓油气田，造成企业可预期的利益受损，设备老化造成投资上的损失等。为此，我国政府是否可在政府间换文谈判中提出设定附带条件的要求，即如果双方经过一定时期的协商谈判后，就合作开发或共同开发达成了合意，则可在此协议中增加附带条件，包括双方同意应尽快在规定的时期内就共同开发或合作开发达成合意，且中国企业有优先开发达成协议内海域资源活动的权利。

另外一个设想是，若双方通过政府间换文谈判无法达成合意，则中国可提出继续就东海划界问题举行磋商，即重启东海划界谈判进程。实际上，中日重启东海划界谈判进程，也是符合《原则共识》规定的内容和精神的。由于东海划界问题十分复杂，涉及问题多，如果没有任何一方作出适当的让步或妥协，则一般不会很快就此达成合意，可以预见，东海划界谈判依然具有长期性和艰巨性的特点。

如果两国具体在政府间换文谈判中就共同开发、合作开发达成合意，通过协议获取东海资源，这不失为一个很好的行为，也是向中日邦交正常化40周年献上的巨大礼物，但中国政府必须坚持在资源开发协议中应明确钓鱼岛列屿的法律地位的立场。如果日本继续否定在钓鱼岛归属问题上存在争议,则中日双方要想在资源开发问题上达成开发协议就十分困难。

本文原刊于《东方早报》2012年2月9日,第A15版

中国应加强对钓鱼岛及其附属岛屿的综合管理

钓鱼岛及其附属岛屿自古以来就是我国的固有领土,这可从历史、地理和国际法上予以证明,钓鱼岛主权属于中国。

首先,钓鱼岛及其附属岛屿的发现、命名和使用,最早见于明朝永乐元年(1403年)由朝廷派往东西洋各国开诏的使臣所撰的《顺风相送》一书。明清使臣为查勘航线、校正针路,曾多次前往钓鱼屿,并且将这些岛屿用做通往琉球的航海标志,这在国际法上已构成一种"原始的权利"(Inchoate Title)。

其次,琉球王国与中国的边界自明代起便划分得很清楚。对于地方分界,从中国方面看,地界是赤尾屿;从琉球方面看,地界是古米山(久米岛)。中国和琉球王国的海域分界为,位于赤尾屿和古米山之间的黑水沟(即冲绳海槽)。

再次,钓鱼屿、黄尾屿、赤屿最早划入中国行政管制区域的时间,见诸明朝嘉靖四十一年(1562年)初刻的《筹海图编》。此书由中国东南沿海防倭抗倭军事指挥部最高指挥官胡宗宪主持、郑若曾执笔编撰,具有官方文献性质,图中清楚地标出钓鱼岛列屿隶属福建沿海版图。

最后,从地理上看,钓鱼岛列屿属于中国大陆向东南延伸,为东中国海大陆架之隆起部分;从地质构造看,钓鱼岛列屿属于台湾北部大屯山火山带，而琉球诸岛属于雾岛火山带。同时，琉球诸岛和中国海大陆架间，还相隔一条深达2700米的冲绳海槽。

相反，日本人要到1885年前后才通过西洋人的海图（主要是英国《海军水路志》）注意到钓鱼岛列屿的存在。英国海军是通过闽台人获悉钓鱼岛列屿的命名，而日本人则是通过英国人才注意到钓鱼岛列屿的存在。

"二战"结束后，美国根据1951年签订的《旧金山和约》托管琉球，将钓鱼岛列屿划入琉球列岛的经纬线内，并于1972年将钓鱼岛列屿连同琉球列岛一并交还日本，导致今日钓鱼岛列屿被日本非法实际控制的局面，从而衍生出长达40年的中日钓鱼岛列屿领土主权之争。

根据《旧金山和约》接管琉球的美军司令部所颁布的有关琉球领域第68号指令，将琉球境界划定为包括从北纬24°—北纬28°，东经122°—东经133°之内的所有岛屿，而钓鱼岛、黄尾屿、赤尾屿及其周边五个小岛礁正好在其内。这一指令就是日本政府声称钓鱼岛列屿为其固有领土的所谓国际法依据，同时也是中日钓鱼岛列屿之争的症结所在。

然而，美国依据群岛基线划界法，即先划定经纬度，后用几何直线切割，使界线与地图经纬线吻合之确定琉球境界的方法，不符合群岛基线划界的限制条件——群岛基线内的岛屿、水域和其他自然地形在本质上构成一个地理、经济和政治的实体，或在历史上已被视为这种实体。显然，钓鱼岛列屿并不具备上述条件，钓鱼岛列屿与琉球列岛在地理上根本就不是统一的；钓鱼岛列屿与琉球列岛也从来没有实现过政治上的完整。钓鱼岛列屿从来就不属旧琉球王朝势力所及范围，其管治的36岛从未包括钓鱼岛列屿。相反，有大量历史文献证明，钓鱼岛列屿属于中国明清王朝有效管治的范围，根本不是无主地。可见，美国单方面划定的琉球境界不符合国际法制度，也违反《四国关于普遍安全的宣言》中对日本领土的规定。美国有将钓鱼岛及其附属岛屿从日本收回的责任。

一直以来，日本借重美国，包括美国偏袒日本的做法，否认在钓鱼岛列屿问题上存在争议，并拒绝与中国谈判的做法，是造成钓鱼岛问题久拖不决的要因。那么钓鱼岛问题是否存在争议呢？可从以下两个方面予以考察。

第一，何谓国际法上的"争议"。从常设国际法院1924年8月30日审理马弗罗马提斯和耶路撒冷工程特许案（Mavromamat Palestine Concessions）的判决中可以看出，所谓的争端是指两个当事人（或国家）之间在法律或事实上的某一方面存有分歧，或在法律观点或利益上发生冲突。对照此观点，中日钓鱼岛问题是存在争端的。

第二，中日是否存在"搁置争议"的共识？尽管"搁置争议"的内容，并没有在《中日联合声明》《中日和平友好条约》等文件中显现，但1978年10月25日邓小平在日本记者俱乐部上的回答，表明两国在实现中日邦交正常化、关于中日和平友好条约的谈判中，存在约定不涉及钓鱼岛问题的事实。换言之，中日两国领导人同意就钓鱼岛问题予以搁置。否则的话，针对邓小平在记者招待会上的回答，日本政府可作出不同的回答，而他们并未发表不同的意见，也没有提出反对的意见，这表明对于"搁置争议"，日本政府是默认的。此后，日本政府也是以此"搁置争议"方针处理钓鱼岛问题的。自2009年民主党夺取政权后，改变了中日政府间的默契，日本政府力图以政治主导处理各种问题，从而在2010年9月7日的冲撞事件中采取了试图利用国内法处理钓鱼岛事件的立场。日本政府的强硬态度，引发了中日外交关系的严重对立和分歧。此后，针对钓鱼岛问题的分歧日益明显化，日本加强了对钓鱼岛的管理。

中日间的海洋问题特别是钓鱼岛问题，是使中日关系对立和紧张的重要问题，必须妥善地处理，特别需要日本政府尊重历史、事实和国际法，与中国政府展开平等协商和谈判。而最近日本针对钓鱼岛的行为包括登岛行动、命名行为等，未见日本有友好协商的意愿。为此，我国应在公布标准名称的基础上，进一步加强对钓鱼岛的综合管理，包括公布经纬度坐标，公布领海基线，划定行政管理单位，加强对其周边资源和环境的调查活动，设立公共设施包括导航仪、气象观测站等，确保大陆和台湾渔民的捕鱼权，收集钓鱼岛问题的证据，加强对国际司法制度和案例的研究，出版与钓鱼岛问题有关的论著，发布钓鱼岛问题政策白皮书等。

总之，日本针对中日间的海洋问题争议，采取各个击破的战术，比如：否定钓鱼岛问题存在争议，搁置海域划界争议，试图在东海资源开发问题上获得最大的利益。为此，我国应采取综合性的策略解决中日海洋问题，特别需要组织力量继续加强对钓鱼岛问题的综合研究。

本文原刊于《东方早报》2012年4月20日，第A16版

Dispute Denial Will Not Work

It was absurd for Tokyo's controversial governor Shintaro Ishihara to say that his city prefecture is negotiating with the "owner" of the Diaoyu Islands, with the aim of "buying them by the end of this year".

Ishihara said in a speech in Washington on Tuesday that he had begun negotiations to "purchase" three islets of the Diaoyu Islands that are "owned by a Japanese family".

This is ludicrous, as all the islands belong to China.

China has indisputable sovereignty over the Diaoyu Islands. The Diaoyu Islands were named first by China and have always been within the maritime defense boundary of China since the Ming Dynasty (1368–1644). The islands were illegally occupied by Japan after Sino-Japan War (1894–1895).

After World War II, the Chinese government resumed its sovereignty over the Diaoyu Islands, but the islands were "entrusted" to the US in 1951, which in turn "returned" them to Japan in 1971. However, both these moves were illegal as they involved territory that wasn't theirs, and China never acknowledged these moves.

Japan has for a long time adopted the strategy of denying there is a dispute over the islands in order to exploit the islands' resources. The denial of a dispute over the Diaoyu Islands by Japan has prevented negotiations from progressing.

Though Diaoyu Islands are China's indisputable territory, China takes a pragmatic approach and hopes to solve the problem through talks with Japan.

However, this year some Japanese politicians repeated provocative words even though this year marks 40th anniversary of the normalization of China-Japan diplomatic ties.

In fact, what happened four decades ago exactly proved their denial wrong.

Four decades ago, when then Japanese prime minister Kakuei Tanaka met former Chinese premier Zhou Enlai on Sept.27, 1972, they agreed to avoid talking about the islands in order to pave the way for the normalization of bilateral ties that year. In 1978, then Chinese vice-premier Deng Xiaoping proposed to "shelve the dispute and explore jointly", which led to the signing of the China-Japan Treaty of Peace and Friendship in 1978. All these showed Japan agreed that the two countries had a dispute over the Diaoyu Islands.

In 2008, diplomats from the two countries did a good job in reaching an agreement in principle on the East China Sea issue. That marked a beginning of efforts to find a way to resolve the disputes between them. But disparities and contradictions still exist because no consensus has been reached in the dispute over the islands and the maritime boundary.

In fact, Japan even denies there is a dispute. Yet according to a judgment by the Permanent Court of International Justice, a dispute is "a disagreement on a point of law or fact, a conflict of legal views or of interests". This definition has since been applied and clarified on a number of occasions. So from the point of international law, there exists a dispute between China and Japan over the Diaoyu Islands.

Japan should accept that there is a dispute and withdraw its vigilance mechanism in and around the Diaoyu Islands, so that joint historical and legal research can be undertaken to solve the dispute.

The most important thing China can do at the moment is to break Japan's argument that it has no dispute with China over the Diaoyu Islands. Only then will it be able to promote joint exploitation in and around the Diaoyu Islands.

What's more, the Chinese government should show its sovereignty over the Diaoyu Islands by strengthening its management of the islands. It should announce standardized names for the islands, and make public their locations.

The mainland and Taiwan need to set up a joint authority to make surveys of the islands' resources and environment, and they need to establish a GPS station and observatories. They should also enhance cooperation to protect Chinese fishermen and their rights to fish around the islands.

These will pave way for China to restart the process of drawing a boundary in the East China Sea.

本文原刊于《中国日报》2012年4月20日，第9版

日本海洋战略的成型与发展

日本是一个高度重视海洋的国家，且日本的经济生活极大地依赖海洋及其资源。例如，日本对外贸易量的99.7%依靠海洋，国民的食物蛋白质40%来源于海洋。同时，日本国土面积狭小，防卫安全也受制和依托于海洋。特别是进入21世纪以来，国际社会应对海洋问题的策略——制定海洋战略和政策及完善海洋法制的举措，促进了日本海洋战略的成型与发展。

一般认为，日本海洋战略的代表性文件为海洋政策研究财团2005年11月18日向日本政府提交的《海洋与日本：21世纪海洋政策建议书》（简称《海洋政策建议书》）。其建议主要为：制定海洋政策大纲，完善海洋基本法的推进体制，扩大国家管辖范围至海洋国土和加强国际合作。为此，日本根据《海洋政策建议书》于2006年12月7日制定了《海洋政策大纲——寻求新的海洋立国》，并于2007年4月通过了《海洋基本法》（自2007年7月20日起施行）。根据《海洋基本法》规定设立的综合海洋政策本部，是综合、全面处理海洋事务的专职机构。更值得注意的是，《海洋基本法》指出了日本今后应重点处理12个领域的海洋问题。它们是：推进海洋资源的开发与利用，保护海洋环境，推进专属经济区内资源开发活动，确保海上运输竞争力，确保海洋安全，推进海洋调查，研发海洋科技，振兴海洋产业与强化国际竞争力，实施沿海岸综合管理，有效利用与保护离开陆地的岛屿，加强国际联系与促进国际合作，增强国民对海洋的理解与促进人才培养。此后，日本内阁又于2008年3月8日通过了《海洋基本计划》，其特别指出了针对上述海洋领域的具体政策和措施。《海洋基本计划》是2008—2012年指导日本海洋事务的行动指针，所以我们必须认真关注，而从日本近期出台的关于海洋事务的政策和措施来看，已经证明了这一点。特别是综合海洋政策本部自2007年7月设立以来，在海洋事务上已取得了一定的业绩，可谓是丰富和发展了日本的海洋战略。这些业绩主要体现在以下四个方面。

第一，海洋资源的开发和利用。综合海洋政策本部于2009年3月通过了《海洋资源与矿物资源开发计划》。

第二，海洋调查。综合海洋政策本部建议政府应尽早完成外大陆架调查和申请工作。为此，日本政府在完成大陆架调查工作后，于2008年11月12日向大陆架界限委员会提交了日本外大陆架划界申请案。在此划界案中存在的最大问题是，日本以冲之鸟礁为基点主张专属经济区和大陆架。

第三，海洋安全特别是在索马里亚丁湾海域打击海盗行为、维护通道安全。鉴于索马里亚丁湾海域的海盗行为严重影响了国际航行安全，以及日本在每年间途经该海域的商船达2000艘的实际，日本内阁于2009年3月13日决定派遣海上自卫队舰船赴索马里海域实施海上警备行动，并向其国会提交了《应对海盗法案》。实际上，日本出台《应对海盗法案》源于海洋政策研究财团2008年11月18日、2009年1月18日向综合海洋政策本部提交的日本应对索马里附近海域海盗行为的建议和要求政府制定《海盗取缔法》，并希望派遣舰船赴索马里附近海域实施护航活动的建议。此后，日本内阁提交的《应对海盗法案》在2009年6月19日众议院的第二次投票中获得通过,以此法案为基础的《处罚与应对海盗行为法》也已于2009年7月24日实施。

第四,有效利用与保护离开陆地的岛屿。综合海洋政策本部根据海洋政策研究财团的建议,于2009年12月1日通过了《为管理海洋保全和管理离岛基本方针》。此后,日本国土交通大臣向国会提交了依据上述基本方针拟定的立法草案,日本国会众议院和参议院分别于2010年4月18日和5月26日通过了《低潮线保全和相关设施整备法案》,以保护离陆岛屿的低潮线和相关设施。今后,我们应关注日本针对保全离岛低潮线和完善相关设施的具体计划。

此外,海洋政策研究财团提出的其他相关文件,也对日本制定相关海洋领域的政策和措施有一定的推进作用,我们必须继续关注。例如,海洋政策研究财团2008年2月提出的《推进小学普及海洋教育建议》和2009年3月提出的《21世纪海洋教育蓝图——与海洋教育有关的课程和单元计划》(小学编)的建议。其中《推进小学普及海洋教育建议》的具体建议包括:应明确有关海洋教育内容、完善普及海洋教育的学习环境、充实拓展海洋教育的外部支援体制、培育担负海洋教育的人才和积极推荐海洋教育研究工作。2009年8月,海洋政策研究财团制定了《存活于亚洲的日本海洋产业建议——从2050年的日本出发》,对日本政府提出如下建议:应在亚洲区域内进一步扩大海上运输市场,积极培养海上运输方面的人才;制造超级节省能源的船舶和全面普及零排放的船舶;发展对年轻人有吸引力的产业;从新的视野出发完善开发海洋资源和利用海洋空间的制度;应将亚洲建设成为综合海洋中心。

可见,日本通过制定《海洋基本法》设立综合海洋政策本部管理海洋事务的目标(包括改变向无综合性管理海洋问题的机构提交相关法案的弊端)已经初步实现。日本海洋战略成型后,重点通过制定海洋政策和海洋立法等方法，丰富和发展了日本海洋战略的内涵。当然，日本海洋战略的发展不仅仅停留在国内层面，还通过双边层面予以发展。例如，日本于2009年4月7日发表了《日美海权同盟建议》，目的是通过加强两国在海洋事务上的紧密合作，以管理海洋秩序、维护海洋安全、加速海洋开发活动、应对和解决海洋新问题。

最后，从日本海洋战略的成型和发展来看，海洋政策研究财团作为咨询机构的作用值得我们关注。这是我国学术研究机构应予以学习和借鉴之处。同时，国家海洋战略的制定和实施及其发展，包括设置综合管理海洋事务的机构，对于推进我国海洋事业的发展具有巨大的促进作用，值得重视。

本文原刊于《中国海洋报》2010年6月25日，第4版

日美海权同盟建议合力构筑新海权

2009年6月，日本海洋政策研究财团向日本防卫大臣提交了根据日美海权对话会议制定的建议书《为安定和繁荣海洋的日美海权同盟》（简称《日美海权同盟》），这表明日本不仅将推进海洋战略立足于本国，而且还试图通过双边关系特别是日美同盟发展海洋战略，企图通过实施《日美海权同盟》加快实现海洋战略目标。

一、出台《日美海权同盟》的背景

近年来，日本海洋政策研究财团与美国三大智囊机构（太平洋论坛、新美国安全中心、美国企业研究所）合作举办了三次日美海权对话研讨会。通过对话，双方对日美同盟中面临的课题、应对海洋问题的方式方法等进行了讨论并交换了意见。海洋政策研究财团整合了对话成果，作为建议草案在第三次日美海权对话研讨会中提出，并在得到日美海权对话参加者的同意后，于2009年6月25日向日本防卫大臣提交了《日美海权同盟》。《日美海权同盟》不仅提出了新海权的概念，而且向两国政府提出了拓展日美海权同盟的具体建议。

二、《日美海权同盟》的具体建议

为确保航行自由、海上通道的安全保障环境，并为预防与海洋权益有关的武力争端、促进海洋可持续开发，也为合力构筑新海权，《日美海权同盟》向日美政府提出了建议。同时，两国意识到海洋是一个整体，海洋问题的解决需要综合应对，为此，在军事和安全保障、资源和环境保护、促进科学技术等方面加强海洋国家之间的合作比以前更为重要，而在这些领域的合作也考验日美之间的意愿。《日美海权同盟》向两国政府提出的建议，具体体现在以下方面：

(一)海洋防卫和安全保障方面

第一，为进一步推进在印度洋和太平洋的全球海事合作上的建议。其中包括以下几个方面的内容：日本和美国应在印度洋、太平洋强化全球海事合作活动；日美应努力构筑作为国际公共财产的海洋圈识别能力；赞扬或评价北太平洋海上保安论坛长官级会议、以东南亚为对象的同种会议以及由日本主导的推进各国海岸警卫之间国际合作的活动，同时承认西太平洋海军研讨会的积极作用；日本应为在马六甲、新加坡海峡以及周边的航行安全予以支援，并在与印度的协调下将支援活动延伸至印度洋；日本参加应对索马里附近海域海盗行为的国际协调活动，以日美合作为基础，与欧盟、俄罗斯、中国等进行直接或间接合作；评价国际海事组织在海洋安全保障问题上的协调作用；日本和美国应该支援发展中国家开发其沿岸区域、维护国际海峡航行安全和治安以及环境保护等活动，教育培训海上保安职员，在共享海洋安全保障相关情报方面扩大外交措施；美国和日本应该推进为马六甲、新加坡海峡航行安全及保护环境而创设的合作机制等。

第二，为确立共同应对具有危险性的武力争端事态处理体制的建议。主要内容包括：一是日本和美国应对今后可能围绕资源发生的争夺或国家管辖海域划界等国家之间的争端事态进行预测，有必要根据《日美安全保障条约》完善缓和紧张、预防武力争端、发生争端事态时共同应对的机制。二是为应对寻求霸权的国家进出海洋、因力量失衡导致安全保障环境不安定的事态，日美应作为同盟在维持和发展强大而坚固的海防力量的同时，与各国合作，完善情报、监视和侦察工作。三是为实施包括抑制、前方活动、海洋控制等在内的海上战略，应就日本海上自卫队、海上保安厅和美国海军、海军陆战队、海岸警卫队的作用、任务、机能和基地完善进行探讨。四是为防卫与海上通道有关的重要海洋设施、处理大洋上的导弹防卫，必须完善利用海洋、宇宙空间和网络空间的相关系统。五是必须考虑到气候变化导致安全保障环境恶化并发展成武力争端的事态。六是为使日本有责任地实施上述行动，日本应尽早解决其宪法的相关解释问题。

第三，海洋国家联合构想建议。具体包括以下几个方面：一是通过国际协调，确保海洋安全保障的日美海权同盟不是封闭性的，而是可以扩张的，应与赞成海权同盟的国家一起，倡议逐渐构筑海洋国家联盟。二是为积极应对由多国军队实施的对恐怖活动、国际海盗的作战，日本和美国应努力确保自印度洋延伸至东太平洋的海上通道安全。三是对于平稳地加入海洋国家联盟的国家，应以遵守《联合国宪章》、《联合国海洋法公约》所示的包含公海自由在内的国际规则和国际协调为条件。

(二)可持续开发海洋方面

第一，在资源开发、海洋技术开发和调查研究方面的建议。日本和美国应为世界上资源、能源以及粮食不足做好准备,在利用储存于海底和大陆架的非生物资源、海洋生物资源、海水资源、海洋能源等方面发挥主导作用。在海洋空间方面,在考虑保护环境的同时,推进海洋及其资源的开发利用活动。

第二,在保护海洋环境和应对气候变化方面的建议。主要包括解决现今海洋领域的重大课题、海洋监视系统及海洋资源开发、应对地球变暖技术开发等方面的内容。

第三,在《联合国海洋法公约》和其他关联条约确立的国际秩序方面的建议。主要包括欢迎美国加入《联合国海洋法公约》的动向;日美应共同致力于确立以《联合国海洋法公约》及其他关联条约为基础的国际秩序;日本应就与国际海底资源开发有关的问题、专属经济区内利用国的国家行动和沿海国的利益调整等问题共同确立国际秩序等。

三、《日美海权同盟》的主要特点

从《日美海权同盟》的内容可以看出,其主要具有以下特点:一是综合性。《日美海权同盟》涉及海洋问题的多个方面,具有全面性和综合性的特点。特别是其预测了今后可能发生的海洋问题及其应对方法,重点强化了对非传统安全威胁的防范措施。二是开放性。《日美海权同盟》不但让同盟国加入,而且还邀请其他国家有条件地加入,具有相对开放性的特点。三是合作性。《日美海权同盟》建议的实施,必将影响国际海洋新秩序的发展进程,包括未来的海洋蓝图,而海洋蓝图的实现,需要各个层面的合作和支持,否则无法真正解决海洋问题。换言之,在应对和处置海洋问题上,强化了通过对话、共享和交流信息等多渠道的和平合作方式。

总之，我们应继续研究海洋问题及其危害，并考虑解决方法，包括积极参加与海洋有关的各种活动，以确保国家海洋权益，为获取经济社会发展所需的能源资源提供保障。

本文原刊于《中国海洋报》2010年8月13日，第4版

钓鱼岛争端的由来及走向

近来中日两国围绕钓鱼岛问题的争议有愈演愈烈之势,那么这场争端会走向何方?

1. 历史地理国际法皆可证,钓鱼岛系我国固有领土

问:中国认为,钓鱼岛是中国固有领土的依据是什么?

答:钓鱼岛列屿自古以来就是我国的固有领土,这可从历史、地理和国际法予以证明。

首先,钓鱼岛列屿的发现、命名和使用,最早见于明朝永乐元年(1403年)由朝廷派往东西洋各国开诏的使臣所撰的《顺风相送》一书。明清使臣为查勘航线,曾多次前往钓鱼岛列屿,并且将这些岛屿用做通往琉球的航海标志,这在国际法上已构成一种原始的权利。

其次,琉球王国与中国的边界自明代起便划分得很清楚。对于地方分界,从中国方面看,地界是赤尾屿;从琉球方面看,地界是古米山(久米岛)。中国和琉球王国的海域分界为,位于赤尾屿和古米山之间的黑水沟(即冲绳海槽)。

再次,钓鱼屿、黄尾屿、赤尾屿最早划入中国行政管制区域的时间,见诸明朝嘉靖四十一年(1562年)初刻的《筹海图编》卷一之《沿海山沙图》。在《沿海山沙图》的"福七"、"福八"两图中,清楚地将钓鱼屿、黄尾屿、赤尾屿划入福建的行政管制范围(海防范围)。

最后,从地理上看,钓鱼岛列屿属于中国大陆向东南延伸,为东中国海大陆架之隆起部分;从地质构造看,钓鱼岛列屿属于台湾北部大屯山火山带,而琉球群岛属于雾岛火山带。同时,琉球群岛和中国东海大陆架间,还相隔一条深达2700米的冲绳海槽。

从上述分析可以看出,中国对钓鱼岛列屿的最早发现、最早命名、最早开发和管理,构成中国对其拥有国际法意义上的领土主权。

2. 日方所称依据非法无效,美日私相授受中国领土

问:日本辩称对钓鱼岛列屿拥有主权有什么依据?

答:日本政府声称对钓鱼岛列屿拥有领有权的文件为:日本外务省于1972年3月8日公布的《日本关于尖阁列岛(钓鱼岛列屿)领有权的基本见解》。其要旨为:第一,1885—1895年,经过实地调查,认为钓鱼岛列屿是无人岛,也无清朝控制的痕迹,为此,于1895年1月14日在内阁通过了建立标志的决定,并将其编入日本的领土,所谓的"无主地"主张。第二,钓鱼岛列屿属于日本琉球西南诸岛的一部分,不包含在《马关条约》第2条日本从清朝割让的台湾及澎湖列岛之内;也不包含在《旧金山和约》第2条日本应放弃的领土内。第三,钓鱼岛列屿不是台湾的一部分。

实际上,钓鱼岛列屿在明、清时期即为中国领土而非无主地,也不是琉球西南诸岛的一部分,而是台湾的附属岛屿。这并非仅在中国官方册封史的文献中有记载,而是国际间的共识。最早记载钓鱼岛列屿的琉球国大学者、紫金大夫程顺则所撰的史书《指南广义》(1708年)、日本史地学家林子平的《三国通览图说》(1785年)附《琉球三省并三十六岛之

图》，都明确地将钓鱼岛列屿划归中国领土版图。欧洲国家和日本当时出版的地图，也是将钓鱼岛列屿标为中国领土，而不在琉球群岛之内。

同时，钓鱼岛列屿由于台湾渔民经常出没作业的关系，习惯上将该列屿视为台湾附属岛屿，这是一种历史的自然形成，对于这种地理概念的历史形成，中日两国的文献资料均有反映。

其实，日本人要到1885年前后才通过西洋人的海图（主要是英国《海军水路志》）注意到钓鱼岛列屿的存在。而英国海军是通过闽台人获悉钓鱼岛列屿的命名，直到1900年，日本才给钓鱼岛列屿起名为"尖阁列岛"。

1945年日本战败投降后，根据《开罗宣言》《波茨坦公告》的规定，钓鱼岛列屿本应作为台湾的附属岛屿归还中国，但美国根据1951年签订的《旧金山和约》托管琉球，将钓鱼岛列屿划入琉球群岛的经纬线内，并于1972年将钓鱼岛列屿连同琉球群岛一并交给日本。美日私相授受中国钓鱼岛列屿领土的做法，导致现今钓鱼岛列屿被日本非法实际控制的局面，从而衍生出长达40年的中日钓鱼岛列屿领土主权之争。

综上所述，日本所声称的拥有主权的论据均是非法无效的。

3. 近来争端升级事出有因，日方打破"搁置争议"共识

问：中日钓鱼岛列屿问题为什么现在会逐步升级，其原因何在？

答：近来，日本单方面强化对钓鱼岛列屿的错误言行和措施并引发其升级的原因，主要为以下两个方面。

第一，国际背景。随着中国力量的壮大，尤其是2010年以来中国经济总量超过日本，以及日方声称的中国海上力量的发展，包括进出海洋活动的增加、海军力量的发展和中国加强对钓鱼岛列屿的管理等，使日

本产生了无谓的紧张和焦虑感,担心中国力量的进一步发展,不利于日本非法长期霸占钓鱼岛列屿,所以想在中国力量还未完全发展前,争占钓鱼岛列屿;同时,美国亚太再平衡战略的实施,需要日本的配合和帮助。所以,在钓鱼岛列屿问题上造成紧张态势,有利于美日同盟的强化,包括美国在日基地搬迁工作的实施;同时,日本希望美国在钓鱼岛列屿问题上支持日本,而美国关于所谓的钓鱼岛列屿问题适用《日美安保条约》第5条的表态,进一步激发了日本在钓鱼岛问题上的强硬态度。

第二,国内背景。2009年民主党执政以来,主张在日美之间发展平等的同盟关系,从而导致鸠山政权的倒台。此后的菅直人政府在处理2010年9月7日日本海上保安厅非法抓扣中国船只和船长事件时,坚持政治主导的方针,忽视了官僚的作用,妄图用日本国内法严肃处理,从而打破了中日两国间针对钓鱼岛列屿问题的默契,使中日关系严重倒退。现在的野田政府,受国内经济社会问题进展不利之困扰,尤其受到参议院的制约,无法有所作为;而右翼人士不满政府对钓鱼岛列屿问题的政策或方针,其强化对钓鱼岛列屿管理的言行和措施,使得野田政府不得不表态,从而使政府处于两难的境地。但为了继续维持民主党的执政地位,日本政府采用了对中国适度强硬的政策,试图平衡各方利益,使钓鱼岛列屿问题不至于影响中日关系的发展,尤其是中日邦交正常化40周年的庆祝活动。

一直以来,日本借重美国,包括美国偏袒日本的做法,否认在钓鱼岛列屿问题上存在争议,并拒绝与中国谈判的做法,是造成钓鱼岛列屿问题升级的关键。

那么,中日是否存在"搁置争议"的共识?尽管"搁置争议"的内容,并没有在《中日联合声明》《中日和平友好条约》等文件中出现,但1978年10月25日邓小平在日本记者俱乐部上的回答,表明两国在实现中日邦交正常化、中日和平友好条约的谈判中，存在约定不涉及钓鱼岛问题的事实。换言之，中日两国领导人同意就钓鱼岛列屿问题予以搁置。否则的话，针对邓小平在记者招待会上的回答，日本政府可作出不同的回答，而他们并未发表不同的意见，也没有提出反对的意见，这表明对于"搁置争议"日本政府是默认的。此后，日本政府也是以此"搁置争议"方针处理钓鱼岛列屿问题的。

4. 日方"购岛"之举仍在妄动，中方必将拿出反制措施

问： 中日钓鱼岛争端会走向何方？有无可能引发大规模冲突？

答： 可以预见，日本政府针对钓鱼岛列屿问题的"购岛"行为引发的所谓"国有化"问题，不管对于现政府还是将来的新政府仍将继续，因为这出于日本国家的"利益"，也是"无奈"的举动，实际上是所谓的管控钓鱼岛列屿问题的进一步冲突。当然，日本政府在"国有化"问题上，不得不面对中国的反应和美国的态度，所以，钓鱼岛列屿问题引发军事冲突的可能性并不存在。因为，中国对此问题保持了最大的克制，期望和平解决，以稳固和发展中日关系。但是，管理和引导"保钓活动"、引导民众言行等将是我国无法回避的命题。为此，具有说服力的宣介工作就显得十分必要。

当前，由日本单方面引发及激化的钓鱼岛列屿问题仍在持续，包括日方仍将举行所谓的"登钓调查""推动国有化进程"等。日本右翼人士绑架政府的目的是迫使日本政府强化对钓鱼岛列屿的"管理"，体现日本对钓鱼岛列屿的真正"控制"，并要求严厉制裁中国的登岛者，制定侵犯所谓的"领海领土"的法规。应该说，日本政府针对上述行为的肯定态势势必激发中国政府和人民捍卫国家领土的坚定决心和意志，

将出现强烈的抗议和反制措施。可以预见，今后诸如"保钓"等民间活动，以及中国运用公务船执法巡航等正当的活动势必增加。由此引发的严重冲突均应由日本单方负责，因为其打破了中日之间达成的针对钓鱼岛列屿的默契。当然，钓鱼岛列屿问题的未来走向也是国际社会关注的重要议题，我们将拭目以待，特别希望日本政府尊重历史、事实和国际法，与中国政府展开平等协商和谈判，以求和平解决钓鱼岛列屿问题。

本文原刊于《新民晚报》2012年8月24日，第A26版

Japan Should End the Farce

Japan has been playing out a farce. It started with a plan to name (rather rename) some of the islets of the Diaoyu Islands. Then came its attempt to "buy" the islands from their supposed private owner, intend to "nationalize" them and conduct a joint landing drill with the United States, followed by the Tokyo metropolitan government's illegal survey around the Diaoyu Islands.

Japan's actions have infringed on China's territorial sovereignty and maritime interests, and poisoned bilateral relations, which could have reached a new height in the 40th year of the normalization of diplomatic relations between the two countries.

Despite facing an indifferent Japanese government (which is not bothered about frayed bilateral ties) and right-wing conspirators, China has adhered to the principles enshrined in the four political documents signed between Beijing and Tokyo, and maintained utmost restraint. It has done so in the hope that Japan would respect historical facts and international law, and hold talks under the existing bilateral mechanisms, such as the China-Japan high-level consultation mechanism on maritime affairs, to resolve the dispute. This would serve the interests of the two countries as well as regional peace and stability.

But there is no sign of Japan refraining from taking unilateral actions over the Diaoyu Islands.

The Diaoyu Islands have been part of China's territory since ancient times. That is proved by historical records, and confirmed by international law and many reputable Japanese scholars.

Japanese historian Kiyoshi Inoue (1913–2001) says in his works, published in the 1970s, that it is a well-known fact among Chinese, Ryukyuans and even Japanese that the Diaoyu Islands (called Senkaku Islands in Japan) have belonged to China since the Ming Dynasty (1368–1644), and before Japan encroached on them, they were part of China's territory and not terra nullius land belonging to no one). And Tadayoshi Murata, a professor at Yokohama National University, says that the Diaoyu Islands actually belong to China. Japan occupied them in 1895 during the Sino-Japanese War (1894–1895), which was nothing but a robbery.

Contradicting Japanese officials' claim that there is no dispute over the Diaoyu Islands, some former officials of Japan's Ministry of Foreign Affairs, including Ukeru Magosaki and Kazuhiko Togo, have admitted that there is one between China and Japan. They have even expressed concern over the unilateral actions of the Japanese side. These are views that Japan should respect.

Unfortunately, Japanese right-wing forces and some politicians have chosen to ignore the rational voices at home and are exploiting the Diaoyu Islands issue for their own gain. They stepped up their efforts recently mainly because of the challenges that Japan faces on the domestic as well as the international front.

Japan is worried that China's continued rise and the change in the regional power balance will end its illegal possession of the Diaoyu Islands and is thus eager to get an upper hand in the dispute.

Amid all this, the United States is implementing its back-to-Asia-Pacific strategy, for which it needs Japan's help. Washington is more than willing to muddy the waters to consolidate the US-Japan alliance, which will pave the way for a stronger American military presence in Japan. And the US says that the Diaoyu Islands fall within the scope of the US-Japan Security Treaty to encourage Japan to act more aggressively.

This is surprising because in its election campaign, the Democratic Party of Japan had vowed to rebuild the slumping Japanese economy and make Tokyo a more equal partner in the US-Japan alliance. But former prime minister Yukio Hatoyama couldn't do that and was replaced by Naoto Kan. Beijing–Tokyo relations were dealt a severe blow during the Kan administration, especially when Japan illegally detained Chinese fishermen in the waters off the Diaoyu Islands and insisted on pressing charges against them according to Japanese laws.

It has to be conceded, though, that Kan's successor Yoshihiko Noda dealt with Chinese activists who landed on the Diaoyu Islands with restraint last month. He just "deported" the Chinese nationals and urged everyone to keep the Diaoyu Islands issue under control, and even wrote a letter to President Hu Jintao emphasizing the importance of China–Japan "strategic and beneficial relationship".

But since the Noda government was troubled by economic and social problems at home and faces rising pressure, especially from rightists, to "act", it had to take a hard stance and announce that it planned to "nationalize" the Diaoyu Islands. Perhaps this is Noda's way of trying to prevent more Japanese right-wing activists from landing on the Diaoyu Islands and thus avoid provoking China further. But the "nationalization" plan also suits Japan's interests, for it will try to build a legal case on that basis.

Japan's efforts will be in vain, though, because it can't change the fact that the Diaoyu Islands belong to China. Illegal actions do not give one legal rights.

Japan should refrain from taking any more unilateral action if it doesn't want to bear the consequences of China safeguarding its sovereignty and defending its maritime interests.

China still hopes that Japan would respect historical facts and international law, and hold bilateral talks to resolve the dispute.

本文原刊于《中国日报》2012年9月5日，第9版

中国应做好钓鱼岛问题长期化的准备

自2012年以来，由日本右翼挑起、政府怂恿，为实现国家"利益"，试图加强所谓的管理的"购岛"行为，以日本政府于2012年9月10日确立"购岛"方针（所谓的为"平稳及安定地维护和管理"钓鱼岛及其他岛屿），并于9月11日签署"购买"合同及在9月12日完成所谓的"土地权所有者"登记手续"收场"，似乎一切均很自然，无可厚非。

但必须指出的是，钓鱼岛及其附属岛屿是具有特殊性质的"土地"，根本不是日本所谓拥有"主权"或"所有权"的土地。所以，对于毫无主权而言的日本对钓鱼岛等岛屿的一切单方面的行为和措施，均是非法、无效的，这也是我国政府和人民一直以来坚持的立场和态度。日本是借中日甲午战争胜利之际通过国内所谓的内阁决议（1895年1月14日）将钓鱼岛秘密窃占的，根本没有对外公布，并不被世人所知。特别是《日本针对钓鱼岛列屿领有权的基本见解》（1972年3月8日）中所谓的"无主地"的观点，是根本无法成立的。因为众多的中外历史文献和地图等，明确地反映了中国和琉球的陆地界限为赤尾屿和久米岛，海域边界为冲绳海槽；同时，钓鱼岛等岛屿并不是琉球传统领土的一部分，而是属于台湾的附属岛屿，这从历史、地理地质、使用等方面可以佐证。日本借"牡丹江事件"（1876年），自1879年吞并琉球（琉球的法律地位实际上未定！）后，为抢占台湾，先期目标为霸占钓鱼岛等岛屿，所以，日本在1885年开始了对钓鱼岛等岛屿所谓的三次调查活动，得到的结论为：它们属于清朝（中国）领有的岛屿，不仅已经命名，而且作为航海的标记长期在使用，所以不敢轻举妄动。至1894年12月，中日甲午战争中国败局已定后，日本内阁官员中才开始讨论提交窃占并建立所谓"国标"的决议。也就是说，日本主张在《马关条约》签署（1895年4月17日）前就拥有了对钓鱼岛的主权，并不是依据《马关条约》割让给日本的，而是依据无主地原则"先占"的。对此，即使一些日本学者，例如，已故历史学家井上清教授、村田忠禧教授（日本横滨国立大学）也认为，钓鱼岛等岛屿是中国的领土，日本是借中日甲午战争胜利之际秘密窃占的，绝不是堂堂正正的领有行为。

"二战"结束后，根据《开罗宣言》《波茨坦公告》《日本投降文书》和《马关条约》等，从法律上讲，日本已经将台湾全岛和包括钓鱼岛及其附属岛屿在内的所有附属各岛屿归还给了中国。但美国依据《旧金山和约》（1951年9月8日）托管琉球，并通过托管当局（美国琉球民政府）颁布"琉球列岛地理界线"的布告（第27号令，1953年12月25日），错误地依据天文疆界标准和几何疆界标准划定了琉球列岛地理范围的境界，其经纬度包含了钓鱼岛等岛屿。这也成为日本主张拥有对钓鱼岛等岛屿主权的持论。

实际上，美国作为托管当局在划定琉球地理界线时，忽略了最重要的原则：地文疆界标准。同时，美国琉球民政府也不能适用"群岛基线"制度确定琉球地理境界。因为，琉球不是群岛国；钓鱼岛等岛屿与琉球群岛在地理上根本就不是统一的，也从来没有实现过政治上的完整，不符合适用"群岛基线"的要件。所以，美国琉球民政府划定的琉球地理境界无效。换言之，由于美国的托管，中国政府无法实施对钓鱼岛等岛屿的管辖。

此后，美日又通过《归还冲绳协定》(1971年6月17日)，在违反联合国托管制度目的(《联合国宪章》第76条)以及未得到"二战"主要大国同意的情况下，错误地将冲绳及钓鱼岛等岛屿的行政权"归还"给了日本，造成中国无法再次实质性地管理钓鱼岛等岛屿的实际情况，并引发长达40余年的中日钓鱼岛问题主权之争。

随着中国国力的进一步发展，日本出现了战略焦虑，试图利用美国亚太再平衡战略的机会，借重美国有求于日本之际，试图在美国的袒护下尽早地抢占钓鱼岛等岛屿。日本认为，在钓鱼岛等岛屿问题上造成紧张态势，有利于美日同盟的推进，包括在日美军基地的搬迁、鱼鹰直升机的部署等，从而出现了自今年年初以来的议员登岛、命名岛屿、购岛计划、国有岛屿、武力护岛、登岛抓人、慰灵查岛、夺岛演习、登岛调查、决议保岛、登记管岛等闹剧，以体现日本所谓的"有效管理"，并呈现出"国有化"、有人化、军事化及开发化的趋势。

日本针对钓鱼岛等岛屿的一系列单方面的错误做法，包括长期以来歪曲事实和国际法、否定争议存在，以及出于国内政治需要、追求党派及个人利益等，实际上是目光短浅、无视中日两国关系和日本自身的长远利益。在中国屡次劝告、警告情况下，日本政府仍一意孤行、毫不悔改地决定改变钓鱼岛等岛屿现状的行为和措施，极大地侵犯了中国的主权和领土完整，严重伤害了中国人民的感情。为此，中国在各种层面发表了严重抗议和严正声明，特别在法律上作出了有力的反制，显示了中国政府和人民坚定捍卫国家主权和领土完整的意志和决心。

笔者认为，中国已在钓鱼岛等岛屿问题上掌握了主动权，改变了一直以来被动的局面和境况。主要标志为2012年9月10日，中国政府就钓鱼岛等岛屿的领海基线发表了声明，公布了钓鱼岛等岛屿作为基点的经纬度坐标，从而确立和明确了钓鱼岛等岛屿以直线基线为基础的领海制度及其他海域管辖范围，并于2012年9月13日向联合国秘书长提交了相关海图和坐标表的副本，从而完成了国内、国际的法律手续。中国政府公布钓鱼岛等岛屿领海基线是继我国于2012年3月3日经国务院批准，授权国家海洋局、民政部公布钓鱼岛及其部分附属岛屿名称以来的后续措施，是依据中国的海洋法制度作出的决定，目的是完善中国的海洋法律制度，捍卫中国的国家领土和海洋权益。

一直以来，中国政府和人民考虑到中日友好关系发展的重要性，始终遵守中日两国领导人对钓鱼岛等岛屿问题达成的政治默契（搁置争议），严守中日四个文件原则和精神，保持了最大的克制，希望通过共同开发的方式处理钓鱼岛等岛屿问题。

现今，中国政府为反制日本的"国有化"行为及后续措施，适时地公布了钓鱼岛等岛屿的领海基线，那么，在法律上，中国政府和人民就具有保卫钓鱼岛等岛屿的陆地及其周边海域尤其是12海里的领海的法律责任，包括如果日本的军舰未经中国政府批准进入钓鱼岛等岛屿的领海时，我国可启动自卫权，因为它侵犯了我国的领土和主权。可以预见，在日本海上保安厅仍望继续维持其领海警备体制的情况下，中日两国的各类船只之间的摩擦和纠纷甚至诸如碰撞之类的事件必将增加，为此，中国制定完善相关国内法规就显得特别重要，例如，中国管辖海域巡航执法管理及处罚条例、外国船舶在我国领海内无害航行制度规范等。

根据当前针对钓鱼岛等岛屿的发展态势，日本针对钓鱼岛等岛屿的"国有化"已经固化，绝没有撤销和改正的可能，并有推进"国有化"后续措施的趋势，所以，是否采用反制措施，反制措施使用到何种程度，何时使用反制措施，反制措施涉及哪些方面等，应对的主动权均掌握在我国政府手中。为此，我国在综合使用反制措施时，一定要让日本深切地感受到中国维护国家主权和领土完整的坚定意志和决心，意识到任何挑战中国核心利益的行为和措施，必将受到严厉的制裁；且必将严重影响国家间的全面关系，包括损害国民感情。采取这些措施的目的之一是对其他国家也产生威慑力，使其不敢轻易地再次挑起事端，即中国需要在周边国家中树立威信和威望，从而更好地维护国家的核心利益，确保海洋权益。

最后，应该指出的是，钓鱼岛问题是一个关涉历史和民族感情的敏感而复杂的难题，又关联主权和安全；同时，又因涉及美国和两岸关系，所以，要真正解决它，目前还存在很大的难度，需要做长期斗争的一切准备。但做好一些准备工作就显得特别重要，包括整合国家力量加强对钓鱼岛问题的综合研究，举行学术研讨会，出版相关论著，增加两岸交流合作，创设宣传网站等。近期，对于我国面临的海洋问题，国家海洋发展战略的制定和实施就显得特别重要，目的是完善海洋体制和机制，明确我国的海洋战略及目标等，并向外宣传，从而高效有力地处理和协调各种海洋问题。

本文原刊于《东方早报》2012年9月18日，第A16版

中日应加快海洋问题谈判进程

进入2012年以来，日本政府一再放任并怂恿右翼人士针对钓鱼岛及其附属岛屿的错误言行和措施，并强化对钓鱼岛及其附属岛屿的单方面的行为，尤其是其所谓"国有化"的行为及后续措施等，严重地侵犯了中国的国家主权和领土完整，为此，中国在法律上采取了一系列的反制措施，体现了中国捍卫主权和领土完整及海洋权益的坚强意志和决心。

在法律上，我国应对钓鱼岛等岛屿问题的反制措施主要为：9月10日，中国政府就钓鱼岛等岛屿的领海基线发表声明，公布其基点的地理坐标(9月15日)，从而确立和明确了关于钓鱼岛等岛屿以直线基线为基础的领海制度及对其他海域的管辖范围。9月13日，中国常驻联合国代表李保东大使向联合国秘书长提交了中国钓鱼岛等岛屿的领海基点基线坐标表和海图。中国地图出版社依据《中国地图编制出版管理条例》的规定，于9月18日出版钓鱼岛专题地图等。至此，中国完成了对钓鱼岛等岛屿行使主权和管辖权的一切法律制度，包括法律实体和程序，从而打击了日本政府无视事实和国际法，否认在钓鱼岛等岛屿问题上中日两国间存在领土争议的谬论，以及试图挑战"二战"后确立的世界秩序特别是领土范围的险恶用心。

更令人鼓舞的是，中国外交部于2012年9月16日决定，向联合国大陆架界限委员会提交东海部分200海里外大陆架的划界案。此划界案的提交将进一步充实中国东海大陆架自然延伸的划界法律主张。尽管此划界案提交后至该委员会提出建议仍有很长的时间，但此举对于反驳日本长期以来主张以"中间线"划分东海海域（专属经济区和大陆架），则有很大的积极作用。换言之，既有利于我国在东海划界尤其是大陆架划界中的原则主张，也有利于批驳日本所谓的"大陆架制度被专属经济区制度所吸收"的错误主张。当然，中国提出东海部分外大陆架划界案，也是继2009年5月11日向联合国秘书长提交《中国关于确定200海里以外大陆架界限的初步信息》的后续行动，中国严守承诺，这些做法也完全符合相关法制要求。

至此，可以得出的结论是，中国针对钓鱼岛等岛屿有关法律政策和措施的完善和实施，改变了长期以来中国在东海问题尤其在钓鱼岛等岛屿问题上的被动局面，争取了主动权，这对于切实解决东海问题有极大的作用和意义。

自2004年5月东海问题爆发以来，中日两国展开了11次海洋问题磋商，由于在东海划界的原则和方法上存在严重的分歧和对立，从而无实质性的进展，无法达成妥协和共识。此后，为实现中日两国领导人达成的将东海变成"和平、合作、友好"之海的政治意愿，中国政府顾全大局，为继续丰富和发展中日关系作出了让步，为此，两国外交部门于2008年6月18日分别公布了《中日关于东海问题的原则共识》。

从《原则共识》内容可以看出，中日两国同意在东海划界前的过渡期间，在不损害双方法律立场的情况下，作出在规定的区域内进行共同开发，以及在春晓油气田进行合作开发的步骤和要求等方面的规范。但《原则共识》未涉及东海划界问题，尤其是钓鱼岛等岛屿问题。所以，中日仍应就东海划界问题进行协商和谈判，以获得和平解决。

自《原则共识》公布以来，中日于2010年7月举行了第一次政府间原则共识换文谈判，后因2010年9月7日日本海上保安厅非法抓扣钓鱼岛附近水域中国渔船及渔民事件而停止。也就是说，日本政府企图利用所谓的国内法处置中国渔民的做法，破坏了两国举行第二次政府间原则共识换文谈判的政治氛围，致使迄今仍未有任何进展。当然，两国针对《原则共识》内容的理解分歧，也是其无法推进磋商进程并获得效果的原因之一。

应该指出的是，中日两国间无法就东海划界问题取得实质性进展，日方负有不可推卸的责任。长期以来日本政府否认在钓鱼岛等岛屿问题上存在争议，拒绝谈判，并利用海上保安厅所谓的警备体制非法控制和处罚我国渔民的行为等，是导致钓鱼岛等岛屿问题无法解决并不断爆发、升级的关键要素。这是一种无视事实和违反国际法的行为，日本必须尽早改正。当然，美国自愿、非自愿地就钓鱼岛等岛屿适用《美日安保条约》第五条的偏袒言论，以及符合所谓的亚太"再平衡"战略及美日同盟的"利益"等，也是使钓鱼岛等岛屿问题不断升级的外在要素。

特别应该强调指出的是，近来所谓日本右翼人士绑架日本政府的"国有化"行为及后续措施等，从本质上说，在"利益"上它们是一致的，均是为了钓鱼岛等岛屿的所谓"主权利益"，加强所谓的"实际而有效的管理"，以体现"管辖"，试图"增强"司法解决的"依据"。同时，日方企图在东海划界中争取更多的"利益"，包括以钓鱼岛为基点主张管辖海域，采用"中间线"划界，发挥该原则在东海划界中的有效作用。

鉴于中国政府仍具有通过和平谈判的方法解决钓鱼岛等岛屿问题的政治意愿，日本政府应主动就钓鱼岛等岛屿问题与中国展开平等谈判，包括利用"搁置争议、共同开发"的方式解决此争议。这是部分日本有识之士的观点和意愿，也符合日本国家的长远利益。

如果日本再次否定与中国在钓鱼岛等岛屿问题上存在争议，拒绝磋商和谈判，目光短浅，则中国可采取综合性的力量和措施，以收复对钓鱼岛等岛屿的管理和控制。如上所述，由于中国已公布了钓鱼岛等岛屿的领海基线，明确了领海的范围，因此，是否在钓鱼岛等岛屿的周边海域实施共同开发，则主要取决于中国的意愿。因为根据中国的《领海及毗连区法》(第2条)和近期针对钓鱼岛等岛屿的领海基线声明，钓鱼岛等岛屿及其领海是我国的领土和主权管辖范围海域。对此，日本政府和人民必须有清醒的认识。否则，诸如在钓鱼岛等岛屿周边海域发生船只碰撞或摩擦的行为甚至更大的冲突，就无法避免。由此带来的一切损害和损失，均应由日方承担。

为维护区域和平与安全、稳定中日关系大局，应尽快消除甚至解决中日钓鱼岛等岛屿的紧张态势及争议，为此，两国尽快启动现有双边机制(例如，中日海洋问题高级别磋商机制、中日战略对话机制)，并加快磋商进程，就显得十分紧要。这无疑是缓和及解决钓鱼岛问题争议的有效途径，必须珍视。

本文原刊于《东方早报》2012年9月20日，第A20版

中日有必要重申《中日和平友好条约》的原则精神

中日两国必须加强沟通和协调,通过对话和协商,消弭分歧,求同存异;加强全面合作,扩大共同利益;增强信任,实现和平发展,为确保地区和世界的安全和发展作出重要的贡献。这是中日两国政府必须遵循的重要方针和基本立场,切不可废弃,更不应出现对抗和对立的境况,否则中日两国四个文件规范的原则和目标将遭到践踏,中日关系将出现倒退,呈现对抗和两败俱伤的局面。

2013年10月23日是《中日和平友好条约》(1978年8月12日签署,1978年10月23日生效)生效35周年。在目前的背景下,纪念《中日和平友好条约》具有特别的价值和意义,对于改善当前处于"政冻经温"的中日关系也有重大的积极作用。鉴于当前的中日关系,有必要重新审视包含《中日和平友好条约》在内的中日四个重要文件的原则和精神,领会其内涵,并以之指导中日关系,确保中日关系大局。中日关系的大局是指应进一步深化两国以经济为基础的相互依存关系,推进中日关系的持续友好发展。

从中日四个政治文件(《中日联合声明》《中日和平友好条约》《中日联合宣言》《中日关于全面推进战略互惠关系的联合声明》)的精神和内容可以看出,中日关系蕴涵以下几项重要原则,两国必须坚持和遵循：

第一，中日关系的发展目标不断推进和提升。从"发展两国的睦邻友好关系"（《中日联合声明》前言第5段），"在互相尊重和平共处五项原则的基础上建立两国间持久的和平友好关系"（《中日联合声明》第6条），到"发展两国间持久的和平友好关系"（《中日和平友好条约》第1条第1款、《中日联合宣言》第三部分第四段），"发展建立致力于和平与发展的友好合作伙伴关系"（《中日联合宣言》第三部分第一段）；再上升到"全面推进中日战略互惠关系"（《中日关于全面推进战略互惠关系的联合声明》第1条），以实现中日两国和平共处、世代友好、互利合作、共同发展的崇高目标。可见，在四个政治文件中，中日关系的定位是不断推进和丰富提升的。

第二，确定了中日关系的基本定位：中日关系对两国而言都是其最重要的双边关系之一。例如，《中日联合宣言》第三部分第一段规定，双方确认中日关系对两国均为最重要的双边关系之一；《中日关于全面推进战略互惠关系的联合声明》第1条规定，双方一致认为，中日关系对两国都是最重要的双边关系之一。换言之，各方均确认了对方对本国的重要定位。

第三，坚持反霸原则。例如，两国任何一方都不应在亚洲和太平洋地区谋求霸权，每一方都反对任何其他国家或集团建立这种霸权的努力（《中日联合声明》第7条、《中日和平友好条约》第2条）；《中日联合宣言》第二部分第二段规定，双方重申，维护地区和平、促进地区发展是两国坚定不移的基本方针，双方不在本地区谋求霸权；《中日关于全面推进战略互惠关系的联合声明》第4条第1款规定，双方确认，两国互为合作伙伴，互不构成威胁；双方重申，相互支持对方的和平发展。为此，两国应积极支持对方的和平发展进程，反对一切试图谋求和建立霸权的措施和行为,包括与其他国家合作对付他国。

第四,坚持和平解决争端的原则。例如,两国政府确认,在相互关系中,用和平手段解决一切争端,而不诉诸武力和武力威胁(《中日联合声明》第6条,《中日和平友好条约》第2条第2款);双方重申,双方不行使武力或以武力相威胁,主张以和平手段解决一切纠纷(《中日联合宣言》第二部分第二段);《中日关于全面推进战略互惠关系的联合声明》第4条第4款规定,双方坚持通过协商和谈判解决两国间的问题。

第五,确定了发展中日关系的精神、原则和内容及途径。例如,《中日和平友好条约》第3条规定,缔约双方将本着睦邻友好的精神,按照平等互利和不干涉内政的原则,为进一步发展两国之间的经济关系和文化关系,促进两国人民的往来而努力。《中日联合宣言》第一部分第五段指出,双方将在国际政治、经济及全球性问题等领域加强协调与合作,为世界和平与发展及人类的进步事业作出积极贡献。包括双方将积极参与东盟地区论坛等地区内各种多边活动并开展协调与合作,支持一切有利于增进了解、加强信任的措施(《中日联合宣言》第二部分第四段);双方确认,两国领导人每年交替互访,在北京和东京建立中日政府间热线电话,加强两国各个层次和级别特别是肩负两国未来发展重任的青少年之间的交流(《中日联合宣言》第三部分第六段);双方应在平等互利基础上,建立长期稳定的经贸合作关系,进一步拓展在高新科技、信息、环保、农业、基础设施等领域的合作(《中日联合宣言》第三部分第七段)。双方决定在以下五大领域构筑对话与合作框架,开展合作,即增进政治互信;促进人文交流,增进国民友好感情;加强互利合作;共同致力于亚太地区的发展;共同应对全球性课题(《中日关于全面推进战略互惠关系的联合声明》第6条)。

依照上述处理中日关系四个重要文件的基本原则,中日两国应该发展持久的友好关系，以实现和平共处、合作共赢、共同发展的目标，我们必须深刻领会其本质和要求。

两国必须加强沟通和协调，通过对话和协商，消弭分歧，求同存异，加强全面合作，扩大共同利益，增强信任，实现和平发展，为确保地区和世界的安全和发展作出重要的贡献。这是中日两国政府必须遵循的重要方针和基本立场，切不可废弃，更不应出现对抗和对立的境况，否则中日两国四个文件规范的目标将遭到践踏，中日关系将出现倒退，呈现对抗和两败俱伤的局面。

为此，应采取具体而切实的措施，设法缓和及改善两国关系，包括进一步丰富和完善中日关系的内涵，努力发展中日关于构建全面战略互惠关系，以维护中日关系的大局。这是时代的要求和呼声。

总之，应采取强力的步骤和措施，包括通过对话和协商，为超越小局、维护大局而努力，以进一步深化和巩固中日两国的全面战略互惠关系，为地区和世界的和平与发展作出中日两国的贡献。

本文原刊于《东方早报》2013年10月25日，第A16版

Defuse Dangerous Tensions between China and Japan

Japan's provoking of China in its bid to get a full-fledged military is a dangerous gambit that could go too far.

Since the Japanese government's illegal "purchase" of parts of China's Diaoyu Islands last September, relations between Japan and China have continued to sour, and tensions are high after a Japanese warship and military plane intruded into a naval exercise being conducted by China on the open sea of the West Pacific.

The intrusion is a dangerous provocation that might lead to immediate military confrontation. Every country is entitled to hold military drills on the open seas, and the ships and planes of other countries are advised to stay out of the exercise area. When holding naval exercises, the country concerned should consider other countries' navigational freedom and alert foreign vessels and planes and make sure they are well informed. However, the country retains the right to send up a flare or even eject the foreign vessels and planes if they refuse to leave the area.

Chinese authorities publicized the exercise areas via international maritime organizations in accordance with international custom. However, Japan's military vessel and reconnaissance aircraft remained in the zone for an undue length of time, and ignored an alert from China. They monitored Chinese activities at close distance and seriously disrupted the naval drill. Japan's act is in severe violation of international law and practice.

For decades, Japan has been aspiring to become a "normal country", one that can regain clout not only with a revived economy but also with a full-fledged military. In the eyes of Japanese politicians, the need to gain the status of a normal country seems particularly urgent in the context of Washington's strategic rebalancing toward the Asia-Pacific, the prolonged tensions over regional territorial disputes, and also the new arms race in Asia. Japan is counting on the US' wish for it to play a bigger role in the region as an ally. China's rapidly growing strength and its firm stance over the Diaoyu Islands is also being drummed up by Japan as an excuse to further boost its military capabilities.

There has been resistance at home and beyond as Japan inches toward revising its pacifist constitution and establishing a full-fledged military. To overcome this resistance, Prime Minister Shinzo Abe and his supporters are overplaying external threats. The recent intrusion of the Japanese warship and military plane into China's drill zone is just part of the long-standing pattern of Tokyo provoking and stirring up trouble to fan the flames of nationalist sentiment at home and seek support for its military buildup.

Such acts based on self-interest will do no good to regional stability. It is in the fundamental interests of both sides to ease the tension and improve and stabilize bilateral ties by adhering to the principles and spirit enshrined in the four political documents between China and Japan.

To this end, it is all the more essential to realize that the souring of bilateral ties is not simply because of the territorial dispute. Given the complexity of the issues, the two countries will not be able to come up with any quick fix and thus should remain coolheaded and seek a viable solution in the long run.

Tokyo should withdraw from its conspiracy of playing up the islands dispute and broaden its perspective on bilateral ties. After all, the overall interests of the bilateral relations lie in their interdependency especially on the economic front, and it is of mutual benefit for the two countries to shelve the dispute over the Diaoyu Islands and seek cooperation in other areas.

Japan should also understand and respect China's maritime needs. The 30-plus years of reform and opening-up have equipped China with the economic foundation and technological conditions needed for its maritime development, which remains rather backward. The country's maritime activities including its naval drills will become more regular, though still not comparable with the many drills conducted by Japan and the United States, and Tokyo should be aware of that.

Moreover, considering that bilateral tensions have escalated from the level of maritime law enforcement to military confrontation, the two countries should set up a bilateral maritime emergency management mechanism. They should also standardize the notification system to inform each other of their major maritime activities, so as to enhance communication and avoid misunderstandings and miscalculations.

The resumption of the Sino-Japanese maritime consultation and negotiation process is also of great necessity. Beijing and Tokyo reached a principled consensus on the East China Sea issue in June 2008 through consultations on an equal footing. However, they stalled after the detention of a Chinese trawler captain by the Japanese coast guard in the contested waters in 2010. Of course, even with the resumption of the process, bilateral differences will persist and they will find it hard to reach a consensus. Still, the resumption of bilateral negotiations will be a key step toward easing tension over the islands and boosting mutual trust.

China, meanwhile, should attach great importance to its policy toward Japan. China surpassed Japan in nominal GDP in 2010, and after three more years of development, the country has gained a competitive edge over Japan not only on the economic front but also in many other areas. Japan remains pessimistic about the future of its economy. Today these feelings have gone from bad to worse because of its rising neighbor, which is likely to undermine the development of bilateral ties. That is why China must accurately define bilateral relations and analyze Japan's role and influence in the process of China's peaceful development.

China's rise is inevitable, and Beijing should promote the fact its rise is peaceful to dispel the concerns of other countries, including Japan. It is equally important to enhance communication and consultation with Washington, as it plays a key role in influencing Japan's policy initiatives, and hence can make efforts to prevent a military clash between China and Japan.

本文原刊于《中国日报》2013年11月22日，第8版

改善中日关系的几点思考及建议

当前，中日两国因钓鱼岛问题的强烈对抗，使中日关系处于自中日邦交正常化 (1972年9月29日《中日联合声明》) 以来的最低谷，严重违背了中日关系的定位及宗旨。如何依据中日四个政治文件确定的原则和精神处理中日关系，包括丰富和发展两国之间的持续友好合作关系、实现全面战略互惠关系、维护地区和世界的和平与发展，是两国急需考虑的重大问题。

中日关系自日本政府于2012年9月11日采取"国有化"钓鱼岛政策、中国采取强力的维护主权的措施以来不断恶化，两国公务船只巡航执法时出现对峙。同时，日本自卫队的舰机擅自进入中国在西太平洋公海海域的指定演习海区的行为，进一步加剧了中日两国军事冲突的可能性和危险性。

一般认为，各国具有在公海举行军事演习的权利，并视其为传统公海自由的组成部分，相关国家应注意避让，包括不进入相关的演习海域作业和活动。当然，在行使此项权利时，演习国应适当顾及其他国家公海自由的权利。为此，在其他国家船只和飞机进入军事演习区时，应发出提醒、要求避让的信息，并使这些信息和指令让对方听到和看到；在这些信息和指令已发出，而他方的舰机如仍不愿离开指定的军事演习区时，则可发信号弹，并采取驱赶、打击等手段。

尽管日本对于在本国"周边海域"的他国军事演习具有关注的权利，但在中国依程序指定的军事演习区内不听劝阻地强行滞留舰机的行为，显然是不符合国际法尤其是国际惯例的。这种行为具有危险性，严重影响和平与安全，也明显地干扰和阻碍了中国军事演习项目的正常进行，所以日本应予改正，且此种行为或活动不应继续发生。

此外，中国国防部基于东海安全尤其是飞越安全的考虑，并为维护钓鱼岛主权及周边海域的正当权益，于2013年11月23日划设了东海防空识别区，发布了东海防空识别区航空器识别规则。但日本提出抗议，拒绝承认中国的防空识别区。应该说，进一步加强沟通，使日本尊重中国的关切和做法，就十分必要。

目前，东亚区域呈现军备竞赛趋势。美国在力量有所削弱、无法独自"管控"的情况下，需要进一步发挥其盟国尤其是日本在防卫力量上的作用，以维持其在亚太地区的势力。日本认为，应加快防卫力量的发展，以争取保卫本国的利益，实现正常国家之目标。但日本防卫力量的发展受到国际国内因素的制约，所以在国内无法尽快推进防卫力量发展、修改宪法的背景下，制造和利用外部因素的威胁就成为重要的选项。日本自卫队舰机在中国军事演习区内的强行闯入行为，就是一种带有挑衅性的危险行为，试图造成冲突的事故，引发国内民族情绪，增加提升防卫力量的借口，以发展和壮大军事力量应对中国的"挑战"。此外，日本的舰机擅自闯入中国的军事演习区也有收集中国海军实力情报、探测中国应对底线的因素。

中日应如何稳定两国关系，避免出现军事冲突和事故，甚至发生战争？

第一，应充分认识到钓鱼岛问题的敏感性，妥善处理钓鱼岛问题。钓鱼岛问题十分复杂和敏感，两国政府均不退让，所以在近期解决钓鱼岛问题依然存在困难。在这种情形下，双方应正视存在争议的现实，低调冷静地处理钓鱼岛问题，日本尤应放弃炒作和放大钓鱼岛问题以实现强军目标的政策思维，尽力使其不影响中日关系的大局。所谓中日关系的大局，是指两国应进一步深化以经济为基础的相互依存关系，实现睦邻友好长期发展目标。

第二，应充分认识和理解中国依托海洋的必然性及合理诉求。30多年改革开放的成就，使中国具备了进出海洋、经略海洋的经济基础和科技条件；同时，中国的进一步发展，依赖海洋及其资源的需求十分必要，也十分合理；中国在海洋上的活动包括实施军事演习等势必加强，所以，日本应充分理解中国进出海洋活动的必然性，保持正常的心态。为此，中日两国进一步加强沟通和协调就显得特别重要。

第三，构筑中日海洋危机管理机制。近来，中日两国在海上的冲突已有由执法冲突发展为军事冲突的趋势，为避免发生军机事故和执法船只冲撞事故，两国应尽快构筑中日海洋危机管理机制，包括执法层面(中国海警局和日本海上保安厅)和军事层面(中国人民解放军和日本自卫队)的对话协商机制。特别应在中日海洋危机管理机制中规范两国重大海洋活动的通告制度，加强沟通和交流，避免误读和误解，造成不必要的事故和错误的解读。

第四，重新启动中日海洋问题磋商谈判进程。中日两国建立了多个涉海部门参与的海洋事务高级别磋商机制，但由于钓鱼岛周边海域的船只冲撞及船长抓扣事件(2010年9月7日)，致使两国间的协商谈判停滞。为合理处理中日海洋问题包括钓鱼岛问题，重新启动中日海洋事务高级别磋商已成为当务之急。

第五，应充分认识到中日两国之间的较量将是长期和艰巨的。自2010年中国国内生产总值（GDP）超过日本以后，日本存在的所谓的失落感和悲观情绪在近期内无法消弭。为此，中国必须在战略上高度重视对日本的政策，包括准确地定位中日关系，分析日本在中国和平发展进程中的地位、作用和影响，切实加强对日本的研究和应对，极力避免日本诱发中国动武的事态，积极主动地利用媒体资源宣传政策，包括合理适度地引导媒体的报道。

中国的发展是大势所趋，为能使他国进一步地理解中国的和平发展政策，包括和平利用海洋及其资源的活动和行为，应创造条件构筑中日外长和防长协商机制（"2+2"会议），以全面沟通外交和国防政策，寻求适度的理解和支持，为持续丰富和发展中日友好关系提供保障。此外，中日间能否发生军事冲突，能否避免诱发事故，美国的态度及其对日本的管控特别关键，所以，中国加强与美国的沟通及协调也非常重要。

（本文系作者11月23日在复旦大学日本研究中心第23届国际学术研讨会"冷战后日本政治、经济、社会体系的变容及其对中日关系的影响"上的发言，有删节，经作者审订。）

本文原刊于《东方早报》2013年12月5日，第A15版

中国应完善东海海空安全执法制度

《中共中央关于全面深化改革若干重大问题的决定》(以下简称《决定》)指出,(中国)"设立国家安全委员会,完善国家安全体制和国家安全战略,确保国家安全",应"加强……海域海岛等重点领域的执法力量……提高执法水平"。

现今,在东海的海空安全问题特别突出的背景下,必须着力完善东海海空安全的执法制度,并进一步理顺中国管理海洋事务和国防安全的体制和机制,确保国家安全。

第一,从东海海域看,应完善钓鱼岛周边海域的执法制度,以维护东海海域的安全秩序,确保中国海洋权益。

自日本于2012年9月"国有化"钓鱼岛三岛,中国于2012年9月10日发布了钓鱼岛及其附属岛屿的领海基线以来,中国对钓鱼岛周边海域实现了常态化的管理制度。为此,在中日双方互不退让的前提下,两国执法船只之间的碰撞和摩擦事件发生的概率在上升。日本不仅修改了《海上保安厅法》和《在领海等区域内有关外国船舶航行法》,赋予了海上保安厅执法人员对"登岛"人员、在钓鱼岛周边海域活动的外国船只和船员的警察权,即强化了所谓的"应对措施";也制定了新的《海洋基本计划》(2013—2017),整备了新的安保政策和措施,重点强化了对西南诸岛的"管理"。在这种背景下,中国仅公布钓鱼岛及其附属岛屿的领海基线是不够的,还需完善周边海域的执法制度,包括外国船只在钓鱼岛周边海域的航行制度、中国管辖海域巡航执法制度等,重点应明确海洋事务管理机构的职权和惩罚措施,以处置执法过程中的违法活动。

第二,从东海空域看,主要应完善东海防空识别区的执法制度,以稳定东海空域的安全秩序,确保空域安全。

为保障包括钓鱼岛周边海域在内的东海空域飞行安全、避免诸如日本舰机再次擅自闯入中国按国际规则指定的军事演习海域和空域那样的事件,作为应急和反制措施,中国国防部于2013年11月23日宣布了中国东海防空识别区,并发布了航空器识别规则,以进一步管控东海空域秩序和航行安全。但由于中国东海防空识别区与日本公布的防空识别区(1969年4月29日公布,1972年5月10日和1973年6月30日修改)大面积重叠,两国的飞机尤其是军机在重叠区发生冲突事故的可能性增加,特别在他方飞机不遵守中国东海防空识别区航空器识别规则的情况下,应进一步完善执法制度,包括制定中国东海防空识别区航空器识别规则实施细则,关键应对具有不同性质的空域实施区别的管理制度,确保东海防空识别区的正常运作和合理管理。

第三,进一步强化海洋体制机制建设步伐,关键是制定和实施海洋基本法。

考虑到维护东海海空安全的管理机构分别由国家海洋局和国防部等机构承担,所以如何协调这两个部门之间的职权就相当重要。为此,中国应以现今重组国家海洋局、设立国家海洋委员会等机构为契机,加强对海洋问题的统一协调机制。具体的建议为,在国家安全委员会下进一步理顺海洋体制机制(海权工作领导小组、海洋委员会、国家海洋局和中国海警局等),明确其具体职权,实质性地推动海洋事务的统一协调工作，并加强与国防部之间的联系，包括沟通信息和情报，并协调与外交部之间的关系，以及时作出统一的声明和解释，实现综合协调管理的目标。

从维护东海海空安全的角度看，中日两国应进一步加强重大海空活动信息沟通协调机制，包括构筑中国国防部和日本防卫省，中国海警局和海上保安厅之间的海空危机管理机制，以避免重大海空事故的发生，做好应急处置。为此，应就构筑上述机制创造良好的基础和条件，特别应改善两国的政治氛围。

从国内层面看，中国应制定和实施海洋基本法，以进一步理顺上述机构的职权，包括在海洋基本法中应明确海权工作领导小组和海洋委员会的组成和任务，以整合力量统一协调处理海洋事务，提高效率，维护海洋权益，确保国家安全。

本文原刊于《东方早报》2013年12月17日，第A10版

Work to Make a Sea Change

China and Japan must increase communication and establish coordination to prevent untoward incidents in the East China Sea.

A State security committee will be set up to improve systems and strategies to ensure national security, according to The Decisions on Major Issues Concerning Comprehensively Deepening Reforms, issued by the Third Plenum of the 18th Communist Party of China Central Committee in November. The plenum document also calls for bolstering maritime law enforcement in China's territorial waters, including around islands.

National security includes maritime security, which has a direct bearing on China's strategy of becoming a sea power through peaceful development. Given the increase in sea and air safety related problems in the East China Sea, China must expedite efforts to secure its maritime territory, exercise its territorial rights in the East China Sea, especially in the waters surrounding the Diaoyu Islands, and strengthen the management and mechanism of maritime affairs to safeguard national security and protect its overall maritime rights and interests.

After Japan "nationalized" the Diaoyu Islands in September 2012, China announced the baselines of its territorial waters, which cover the Diaoyu Islands and their affiliated islets, enforced its maritime law and regularized patrol missions near the islands. Since neither China nor Japan is ready to make any concession, the risk of the two countries' patrol vessels colliding has increased.

Moreover, Japan has empowered its Coast Guard to police the waters off Diaoyu Islands and arrest anyone who sets foot on them. It also has developed a five-year basic plan for ocean policy to integrate new security policies and measures with focus on strengthening the "management" of the Diaoyu Islands.

It is thus not enough for China to only announce the baselines of its territorial waters around the Diaoyu Islands and their affiliated islets. It also has to strengthen measures to enforce its maritime laws, which should include intensified patrolling of the surrounding waters with emphasis on defining the functions, powers and punitive measures of maritime management organizations.

To ensure airspace safety over and maintain order in the East China Sea, China should more firmly enforce the laws of its new Air Defense Identification Zone. To guarantee the safety of flights within the ADIZ, including the area over the Diaoyu Islands, and strengthen control over the East China Sea airspace, the Ministry of National Defense has issued the aircraft identification rules.

Because of the large overlapping area of the ADIZs of China and Japan, there is increased fear of the two countries' aircraft, especially warplanes, clashing. Making matters worse is Japan's adamant stance not to abide by

China's ADIZ rules.

Therefore, China should take steps to bolster the enforcement of its ADIZ rules, including formulating detailed regulations for aircraft identification, applying different management tactics for different areas of the airspace, to ensure the normal operation of its airspace over the East China Sea.

China should further strengthen its maritime defense system, for which a key step should be the formulation and implementation of the basic law of ocean. Considering that the State Oceanic Administration and the Ministry of National Defense are the main departments in charge of maintaining sea and air safety in the East China Sea, it is very important that they establish a sound coordination mechanism for the sharing of functions and powers.

The developments in the East China Sea is a good opportunity for China to restructure the State Oceanic Administration and establish a national ocean council, and set up a unified coordination mechanism for maritime affairs.

The leadership of the proposed State security committee should help streamline the maritime defense system, define the specific functions and powers of different departments (including a leading central group on maritime rights and interests, National Ocean Council, State Oceanic Administration and China Coast Guard), promote coordinated action in dealing with maritime affairs and strengthen cooperation with the Ministry of National Defense, including sharing of information and intelligence.

The proposed council should also coordinate with the Ministry of Foreign Affairs to ensure that all departments speak in one voice when it comes to defense matters.

But it is absolutely necessary that China and Japan increase communication and strengthen their coordination mechanism over major sea and air activities to maintain sea and air safety, prevent accidents and respond to emergencies in the East China Sea.

The coordination mechanism should include the establishment of a sea and air crisis management system between China's Ministry of National Defense and the Japanese Ministry of Defense and between the Coast Guards of the neighboring countries.

本文原刊于《中国日报》2014年1月8日，第8版

论日本所谓"固有领土"之含义

针对钓鱼岛问题,日本政府主张钓鱼岛及其附属岛屿(日本称"尖阁诸岛")是日本的"固有领土"。即使在日本外务省有关针对尖阁诸岛的代表性文件(例如,日本外务省1972年3月8日《关于尖阁诸岛领有权的基本见解》,2012年10月4日《关于尖阁诸岛问题的"三个真实"》,2013年10月《关于尖阁诸岛的宣传资料》等)中,均称其是日本的"固有领土"。为此,有必要论述"固有领土"的含义,包括其何时开始使用此术语,其来源与变化以及其意义等内容。

一、"固有领土"概念之初现及受阻

"固有领土"这个术语的"原型"——"固有本土",首次出现在第二次世界大战结束前的日苏有关领土问题的"近卫和平案"内。即1945年7月10日,为寻求苏联遵守中立条约和力争保持与美、英间的和平关系,日本派遣的特使近卫文磨依靠自己的智囊陆军中将酒井镐次制作的对苏提案内首次出现了"固有本土"概念。在这份得到天皇承认的对苏提案中,有关"固有本土"的内容如下:对于日本的国土范围,应努力并尽量便于以后的交涉,实在没有办法时,应满足固有本土的要求;而所谓"固有本土"是指,最低程度为放弃冲绳、小笠原岛、桦太，但至少要保有千岛南半部的领土范围。可见，南千岛领土才是日本的固有本土。在此的"固有本土"概念，只是日本政府尽力在谈判时作为日本的领土加以留存而提出的概念。

而"固有领土"用语的出现，是在日苏关系正常化谈判中，外务大臣在国会激烈争辩时作为日本要求返还北方四岛的根据而提出的。日本外务大臣重光葵主张，南千岛是日本的固有领土（1955年11月30日）；从迄今的历史资料来看，南千岛是日本的领土，这是没有疑义的，所以，当然可以作为日本的固有领土要求返还（1955年12月16日）。在此可以看出，"固有领土"概念是作为返还北方四岛的根据而提出的新概念。这个"固有领土"的新概念对外首次出现于1956年夏天，外务大臣重光葵全权代表日本赴莫斯科与苏联谈判两国关系正常化时。重光大臣指出，北方四岛内的国后岛、择捉岛是日本决不放弃的永远领土，过去和现在都是日本的领土。换言之，日本首次对外提出了"固有领土"的概念。但此主张在谈判中并没有得到苏联的认可。所以，重光大臣收回了此主张，转而准备缔结收复北方四岛内的齿舞岛和色丹岛两岛的和平条约。可见，"固有领土"概念只是外交谈判的筹码，属于一种无理的主张，不会被对方接受。

二、"固有领土"概念之复生及变异

为与苏联缔结归还北方四岛中两岛的条约，日本外务省向美国提出咨询：在向苏联要求返还北方四岛时，《旧金山和约》内日本放弃的千岛群岛中仅认为不包含择捉岛、国后岛，可以吗？对此，美国政府的回答是，欢迎日本向苏联要求四岛，但美国不能公开改变作出《旧金山和约》内日本放弃的千岛群岛包含二岛这种解释。这种含糊其辞的回答，也阻止了日苏两国签署包括归还两岛在内的和平条约进程。此后，美国于1956年9月7日发表了支持日本要求四岛的备忘录。其中指出，择捉、国后两岛常构成固有的日本领土的一部分（Japan proper），当然被认为是处于日本主权下的领土。日本将美国备忘录内的"Japan proper"翻译成了"固有的日本领土"，从而使"固有领土"的概念如魔术那样再次出现了，并使其成为日美合作的"正确的言论"，但应该说这是一种误译，其含义多指"日本的本土"，所以"固有领土"概念对于外交交涉并不能起任何的作用。

三、"固有领土"概念之变译

日本政府将"固有领土"的概念，也用到了日韩的竹岛（独岛）问题上。例如，日本外务省在向韩国就竹岛问题发出新的见解时指出，竹岛即使对照历史事实，且从国际法上看，很明确都是日本的固有领土(1962年7月13日)。在此，日本将"固有领土"翻译成Japan's inherent territory。为此，韩国在1963年2月25日的口头回答上说，独岛是大韩民国的不可分的一部分 (Dokdo is an integral part of the Korean territory)，现韩国政府仍使用此译语。此后，日本在参考韩国翻译的基础上，将其改译为a part of Japanese territory，现将"固有领土"翻译为an inherent part of Japanese territory。可见，日本对"固有领土"概念之翻译是不断变化的。

四、"固有领土"概念之作用及意义

"固有领土"概念并非是一个法律用语，因为在国际法文件中根本

没有这个用语，例如，《联合国宪章》第2条第4款规定，各会员国不得侵害任何会员国或国家之领土完整 (territory integrity) 或政治独立。同时，在各种法律辞典中也不存在此用语及解释。"固有领土"概念充其量只是一个政治用语，使用此用语的目的在于强化本国对领土的主张，但在领土争议谈判中不能发挥任何的作用，所以，对于领土问题，应尽量少使用甚至不使用"固有领土"用语，避免助长民族情绪，给解决领土争议问题带来困难。

本文原刊于《东方早报》2014年2月18日，第A11版

中国应再次定位中日关系

日本首相安倍晋三上台以来，为迎合日本国民的恐慌情绪，采取了全面的右倾化政策和措施，以确保日本的国际地位，加快国家正常化进程。在经济上，积极推进"安倍经济学"；在安全上，进一步强化美日同盟。

日本通过炒作中国在钓鱼岛海空的执法活动，包括火控雷达照射事件、飞机靠近事件，鼓吹中国的安全威胁，造成中国单方面以实力或胁迫改变现状的假象，从而获得美国的支持和协助，以强化美日同盟体系。

为此，美国在国会不仅通过了《2013年度国防权限法案》，正式宣告包含美国防卫钓鱼岛的法案成立；而且美国极力欢迎和支持日本解禁集体自卫权。据日本共同社报道，针对在修订的《日美防卫合作指针》中加入自卫队支援美军一事，日美政府已基本决定在朝鲜半岛突发事件等周边事态发生之际，扩大后方支援地域范围，而不再局限于无发生战争可能性的地方。新指针还计划加强美国在日本西南群岛方面的警戒监视行动，同时推进日美基地和设施的共同使用。

除此之外，日本还加强了与东盟部分国家、澳大利亚和印度等国家之间的合作，包括试图通过活用政府开发援助（ODA）加强对东盟国家尤其是与中国存在海洋问题争议国家之间的海上合作，以提振它们的海上执法和监视能力，应对所谓的"中国挑战"。安倍政权的战略目标不仅要使日本成为正常国家和政治大国，而且要成为军事大国，并希望成为美国之后的世界综合性大国，主导亚洲进程。

应该说，日本要实现这些目标，还存在一些障碍，包括：与美国的战略目标存在差异，对"二战"的态度局限于东亚，以及世界对日本的接受度。即使在日本国内也有不同的声音，如果处理不当，还存在政权不稳的风险。与中国敌对，影响日本的经济利益，而日本国内经济的发展对安倍政权的持续影响极大，同时中国的发展与影响力的上升不可阻挡，日本试图围堵中国的包围圈也存在风险和挑战。所以，安倍在外交政策上存在调整的可能性，以平衡利益。

为应对日本的强势右倾举措，并在中日全面对抗和竞争中处于比较有利的地位，中国的应对策略主要包括以下方面：

第一，从舆论和法律角度加强研究钓鱼岛问题。中国应对钓鱼岛的具体问题展开细化研究，尤其应积极回应日本的政策和法律主张，包括适时发布中国针对钓鱼岛问题政策建议书（学者版），以有力应对舆论战。同时，应就法律方法解决钓鱼岛进行模拟和应对，也要就日本向国际法院提起诉讼做好准备。

第二，增强钓鱼岛海空安全管控效果。尽管中国海警已进入钓鱼岛领海实施了常态化的巡航制度，但这只体现了存在和宣示主权，并未体现实质性的管辖，所以，巡航活动应逐步减少诸如无害通过等那样的行为，提升中国海警局的巡航法律效果。为此，应明确中国海警局的职责，包括制定中国海警局组织法。此外，进一步完善东海防空识别区的制度，包括制定东海防空识别区航空器识别规则实施细则，目的是加强管控，应对挑战。

第三，进一步强化海洋体制机制功能。我国已成立了中央维护海洋权益工作领导小组及其办公室、海洋委员会及其办公室，重组了国家海洋局等机构，应就如何切实推进和指导海洋工作、海洋事务作出特别的安排和规划，包括尽早制定综合规范海洋事务的海洋基本法，重点明确各机构的职责和权限，阐释中国的海洋政策和立场，以实现国家综合协调管理海洋事务目标。

第四，做好做细中日谈判的各种准备工作。不可否认，中日关系是重要的双边关系，所以如何依据四个政治文件的原则和精神，进一步理顺关系，消除障碍和疑惑，增进互信，通过对话谈判解决问题就显得特别重要。为此，中国应尽早部署和规划与日本谈判的各种准备工作。同时，中日应就战略和战术层面丰富和发展战略互惠关系予以规划，重点在于创造条件规划中日关系的未来，包括制定探讨第五个政治文件的可能性，以再次准确定位中日关系。

第五，应正确处理与美国的关系。中国切不可排除美国在钓鱼岛问题上的作用，因为美国是引发、"交还"、操控和解决钓鱼岛问题的重要因素和力量，所以，中国应利用美日之间的矛盾，尤其是美国在钓鱼岛问题上的立场，切不可将美国完全推向日本，造成中国在海洋战略上的被动局面和不利态势。同时，应密切关注美日以修改《日美防卫合作指针》为契机，增加所谓的防卫合作范围，从而消除对解决南海问题的影响。

最后应该指出的是，中日两国之间的较量将是全面的、长期的，而且是艰巨的，对此必须有充分的认识和思想准备，关键应准确定位中日关系，即日本对于中国的发展来说，是挑战者、威胁者，还是合作者？换言之，中国应评估能否承受中日关系完全破裂的消极影响，以确立中日关系定位及应对策略。

本文原刊于《东方早报》2014年6月23日，第A17版

南海问题时评

中国应分层应对南海问题

在近期举行的东盟地区论坛上,南海问题成为各方关注的焦点之一。

针对南海的岛礁争议问题,我国提出了"搁置争议、共同开发"的政策,并与东盟签署了《南海各方行为宣言》。上述政策和相关文件,并未得到一些国家的尊重和遵循,例如,菲律宾国会于2009年2月17日通过了"领海基线法",将我国的黄岩岛和南沙群岛部分岛礁划为其领土;2009年3月5日,马来西亚总理登上南沙群岛的弹丸礁,宣示对该礁及其附近海域拥有主权。为此,中国政府强烈要求各国应切实遵守《南海各方行为宣言》,不要采取可能使争议复杂化、扩大化的行动,共同维护南海地区的和平与稳定。

在南海,我国的大片海域已被多国划入他国的专属经济区,并且他国与欧美国家的跨国企业正在大肆开发南海资源;同时,东盟的某些国家还时常非法地管制我国渔民的正常作业,使他们遭到不应有的待遇。造成这种现象的原因主要是,南海丰富的油气资源和渔业资源成为各国竞相占领的目标。据说在南海的南沙群岛附近海域存储着与科威特油量相当的海底资源。

不仅如此,南海还是国际航行的重要通道,因为通过南沙海域的船舶总吨数相当于世界船舶总吨数的一半,其通航量为苏伊士运河的2倍、巴拿马运河的3倍。应该说,维护南海特别是南沙群岛周边海域的和平与稳定,是符合包括美国在内的各国的共同利益的。特别是对于经济快速发展的东亚来说,对能源资源的需求将日益增加,必须确保该海域的通道运输安全。

美国在南海的利益主要体现在中国专属经济区内的军事测量活动及飞越其上空的自由,这与中国的安全及利益存在严重对立。例如,"无瑕"号军事测量活动和EP-3撞机事件,就是因中美关于专属经济区内军事活动及侦察活动方面的分歧而引发的事件。对于专属经济区上空的飞机侦察活动,美国认为其属公海自由中的飞越自由;中国认为其是非友好行为,这种侦察活动远远超越了飞越自由,是对公海自由权利的滥用,其他国家对海洋的利用须考虑沿海国的利益,并须被用于和平目的。同样,对于在中国专属经济区内的军事测量活动问题,美国认为无须事先得到沿海国的同意,这种活动是自由的,因此它们的活动是合法的;中国认为在专属经济区内的调查活动(不管是海洋科学研究还是军事测量活动),必须得到沿海国的同意,否则是非法的。

可见,在南海既存在岛屿归属争议和资源开发争议,也存在诸如测量活动等方面的认识和理解上的对立与分歧,但它们的性质与范畴是不一样的,所以解决的路径也是不同的。前者为我国与东盟内某些国家之间的争议;后者为我国与主要海洋大国美国针对因测量活动引发海防安全方面的争议。前者可以通过适用和完善区域制度(包括依据《南海各方行为宣言》制定诸如南海各方行为准则那样的制度)或通过双边协商解决;后者可以利用国际社会的力量,包括完善《联合国海洋法公约》关于海洋科学研究方面的制度、增加军事活动方面的制度性规范,以及通过双边关于海上安全的机制磋商解决。

在南海问题上，我国可采取以下应对方法和措施，主要为：加强对南海特别是南沙群岛附近海域的巡航执法力度，发现问题，及时采取措施；加强对南沙群岛的勘测调查工作，适时公布我国南沙群岛的领海基线；坚持在《南海各方行为宣言》《联合国海洋法公约》等文件的原则下解决与他国之间存在的岛礁争议问题，包括：协商解决海域划界问题，加强沟通和协调，探索开发和利用南海海底资源合作开发的新机制，研究两岸在南海问题上的合作机制，加强对南海问题的综合研究，包括举办学术研讨会、出版与南海有关的重要论著等等。

本文原刊于《东方早报》2010年7月29日，第A18版

For Order in South China Sea

The root of the ongoing South China Sea dispute is the unilateral actions of Vietnam and the Philippines. The two countries have intensified their efforts to exploit resources and occupy parts of Nansha and Xisha islands, and dismantled plaques China had set up on the Nansha Islands to signify its maritime boundary.

The United States, which is not part of the region, has added fuel to fire by demanding freedom of navigation and holding joint military exercises in the seas off China.

Therefore, resolving the South China Sea issue, especially the jurisdiction of the Nansha Islands, with reason and guaranteeing navigation security and freedom are a challenge that the international community faces. To maintain order and ensure that the situation does not deteriorate further, all parties to the dispute should abide by the 1982 United Nations Convention on the Law of the Sea (UNCLOS) and the 2002 Declaration on the Conduct of Parties in the South China Sea.

Since the shift in global economic activities to the Asia-Pacific region has increased Asian countries' need for energy and resources, some players in the region are trying all means to exploit sea resources and seize the Nansha Islands.

Navigation safety has become a big concern in the South China Sea, which is an important waterway for merchant vessels. The gross tonnage in the waters around the Nansha Islands is half of the world total, and two and three times that of the Suez Canal and the Panama Canal. It is, therefore, in the interest of all countries, including the US, to maintain peace and stability in the South China Sea, especially in the waters around the Nansha Islands.

But the developments in recent times, thanks to some countries' actions, have been to the contrary. The US consolidated its alliance with South Korea and Japan during the Cheonan incident in March last year and after a Chinese fishing trawler collided with two Japanese coast guard vessels near Diaoyu Islands in September. The US has strengthened its strategic arrangements in East Asia, and is more interested in regaining its strategic position in the Asia Pacific than in resolving the issue.

For demarcation of outer continental shelves of countries, the South China Sea dispute has to be resolved immediately. The deadline for countries to submit their outer continental shelf delimitation applications to the Commission on the Limits of the Continental Shelf (CLCS), formed by the UN for the purpose, was May 13, 2009. Vietnam submitted its application on the South China Sea on May 7, 2009, and Malaysia and Vietnam made a joint submission on their claim on the southern part of the South China Sea a day earlier.

Both the submissions violate sovereignty rights and jurisdiction in the South China Sea. The CLCS would consider a submission on the premise that there is no controversy or dispute between or among countries on the issue- and in case of any, it will not examine the controversial or disputed parts.

Some Asian countries have taken unilateral action because there are loopholes in international and regional regulations. Though China and Southeast Asian countries signed the Declaration on the Conduct of Parties in the South China Sea on Nov. 4, 2002, the declaration is one of principle and lacks a specific code of conduct, especially on the measures to be taken against countries that violate it.

Countries will always put forward arguments in their own favor, creating conflicts and disputes, and even take actions in pursuit of bigger interests. Worse, whether unilateral or joint actions of countries in the South China Seas have complicated, magnified or harmed regional peace and stability cannot be determined or judged.

For example, the joint war games held in the South China Sea, especially in the waters off the Nansha Islands, are against UNCLOS regulations, and their frequency and purpose have violated the goal of peaceful use of marine resources, which should be opposed.

For the resolution of the maritime disputes between China and some Southeast Asian nations, it is necessary that they clarify their claims, spell out their interests and positions, and hold dialogues.

And to oppose US-led military exercises and joint drills in the region, China should urge the international community to apply the UNCLOS in good faith and add specific regulations on military activities. This is important to safeguard common interests such as flights and ships. If international or regional regulations cannot be made specific, China should let its policies be known to the international community.

First, China should tell the international community clearly and confidently what its stand on the South China Sea issue is to ensure that other countries in the region do not misunderstand or misjudge it.

Second, China should stick to the principle of "joint development despite controversies" and despite setbacks. The urgent mission is to identify the controversial regions whose development is acceptable to all parties.

Third, the Chinese government has to set up a higher-level body on maritime issues that would coordinate among related departments to decide on joint actions. It should spell out its territorial "nine-dash" U-shaped baseline in the South China Sea, too, to solicit legal support.

China hopes to resolve the South China Sea disputes without exaggerating or magnifying them. The best way to do it is to establish and maintain mechanisms in the region, and ensure that order and stability in the South China Sea are not harmed and the common interest of the international community is not undermined.

本文原刊于《中国日报》2011年6月22日，第9版

按国际法和平解决南海问题

近日,南海问题已成为国际社会关注的热点问题,并有进一步扩大的趋势。南海问题的凸显,起源于某些国家单方面的行为和做法,包括加大对南海资源的开发力度,侵占南沙部分岛礁,撤除我国在南沙岛礁的界牌,试图以武力"保卫"南海权益等;另一方面,域外大国坚持的航行自由,不断举行的联合军事演习,企图参与中国与东盟国家间的争端解决等,也是使南海问题进一步升级的要因。为此,如何进一步合理处理南海问题特别是南沙群岛的岛礁主权归属问题,确保航行和通道安全与自由,将是国际社会面临的重大课题。而依据包括《联合国海洋法公约》《南海各方行为宣言》等在内的国际法及国际关系准则,利用和平方法解决南海问题是必须坚持和努力的方向。

笔者认为,造成南海问题日趋严重的原因如下:

1. 经济方面。世界经济重心已向亚太地区转移,亚洲各国需要的能源资源数量日趋增加,所以,对海洋资源的需求日益提升。换言之,各国开发利用海洋资源的力度进一步强化,包括抢占南沙岛礁的力度加大。

2. 通道安全方面。南海是国际航行的重要通道,因为通过南沙海域的船舶总吨数相当于世界船舶总吨数的一半,其通航量为苏伊士运河的2倍、巴拿马运河的3倍，所以，维护南海特别是南沙群岛周边海域的和平与稳定，是符合包括美国在内的各国的共同利益的。

一、国际法国际关系为准则

3. 外大陆架制度要求尽快解决南海争端。越南于2009年5月7日针对南海的大陆架单独提交了外大陆架划界案；越南和马来西亚于2009年5月6日针对南海南部海域的大陆架提交了外大陆架划界案。这些划界案严重地侵害了我国在南海的主权、主权权利和管辖权。但大陆架界限委员会审议国家外大陆架划界案的前提是审议的内容必须与相关国家无任何争议，如果存在争议，则其将不对争议部分予以审议。同时，东亚某些国家试图在中国力量未得到进一步发展之前，先期抢占和霸占南海特别是南沙群岛内的部分岛礁及其资源，并希望域外大国特别是美国参与其中解决争端，利用包括联合军事演习的方法，遏制和削弱中国的影响力，力图尽可能多地获取这些国家在南海的利益。

4. 相关方利用国际和区域制度的漏洞实施单方面的行动。尽管我国已于2002年11月4日与东南亚各国签署了《南海各方行为宣言》，但由于其是一个原则性的宣言，缺乏具体的行为准则，特别是缺乏相应的组织机构及违反宣言的制裁措施，对各国在南海的单方面或联合行动，无法作出判断，从而无法确定其行为或行动是否使争议复杂化、扩大化和影响了和平与稳定。例如，在南海特别是南沙群岛周边海域举行的多国联合军事演习，也缺乏《联合国海洋法公约》的制度性规范，但联合军事演习的频繁性、目标的明确性等，显然是违反和平利用海洋的目的和宗旨的，是应该加以反对的。

可以预见，如果上述发生南海问题争议的要因无法消弭，则在南海发生争议乃至武装冲突的可能性依然存在。针对南海岛礁主权归属争议问题，可以通过适用和完善区域制度，包括依据《南海各方行为宣言》制定诸如南海各方行为准则等具有法律拘束力的制度；或通过双边或有限度的多边协商方法解决，重要的是应明确各国在南海的立场与主张，明确争议的范围与实质，并设置相应的组织机构。

二、南海岛礁主权归属争议

针对美国与中国在专属经济区内的军事测量活动及其上空的飞越自由和联合军事演习方面的对立和分歧，可以利用国际社会的力量，包括修改《联合国海洋法公约》关于海洋科学研究方面的制度，增加军事活动方面的制度性规范，以及通过双边关于海上安全的机制磋商解决，共同维护南海的航行和飞越等方面的共同利益。总之，针对南海出现的两个不同性质的问题，其解决的路径和方法是不一样的。

在国际和区域无法制定或修改相关制度的情形下，关键是及时公布我国关于南海问题的政策，明确我国关于南海问题的法律制度。主要包括以下方面：

第一，我国政府应汇总一直以来关于南海问题的主张与态度，公布诸如我国关于南海问题的政策性立场的文件，并广为宣传，使国际社会了解我国的政策，避免误解和误判。

第二，继续坚持"搁置争议、共同开发"的立场与原则。尽管该政策遭到了一定程度的阻碍，绩效也并不明显，但其依然是我国政府解决包括南海问题在内的海洋问题的重要原则。关键是应找出多方能接受的争议区域，并实施共同开发。

第三，设置国家海洋管理机构并完善相关法律制度。海洋问题的综合性、复杂性及敏感性等，要求采取综合性的方法处理，特别需要设立综合管理海洋事务的机构(例如，国家海洋事务管理委员会)，以明确涉海各部门职权，合理处理海洋问题，做到舆论先导、执法跟进、海军保护的联动机制。重要的是应宣布我国在南海的领海基线，明确我国南海九段线的法律地位。

三、尽力和平解决争端

总之，我国政府希望南海问题不恶化、复杂化、扩大化，不影响与东南亚国家之间的关系，不损害国际、区域安全与和平环境，因而尽力利用和平方法解决南海问题争端，努力制定与完善国际和区域相关制度规范，维护国际社会的共同利益，确保南海稳定有序。

本文原刊于香港《成报》2011年6月26日，第A14版

How to Resolve the South China Sea Issue

China has been making continuous efforts to defuse the tension over the South China Sea issue, even though some countries have taken unilateral actions to meet their interests.

The South China Sea issue is complicated with legal disputes, which should be solved within the framework of international laws, including the Charter of United Nations, the 1982 UN Convention on the Law of the Sea (UNCLOS) and the 2002 Declaration on the Conduct of Parties in the South China Sea.

The legal disputes can be divided into two parts: China's territorial disputes with some Southeast Asian countries, and its disagreements with the US on military action in the region. The US claims to defend free navigation in the South China Sea, but actually it is defending its own military interests.

The disputes between countries can be resolved peacefully either politically or diplomatically, or through legal procedures.

The key to solving the territorial disputes over the islands, islets and reefs in the South China Sea through political means lies in related countries' (such as the Philippines and Vietnam) willingness to "shelve the disputes" and consent for "joint development". Since some countries are already exploiting many of the islands, it is very difficult to define the sea areas which need to be jointly developed and help resolve the disputes politically.

It is difficult to resolve them by using international laws, too, because neither China nor Vietnam has accepted the jurisdiction of the UN's International Court of Justice (ICJ) without reservations. The Philippines has accepted the ICJ's jurisdiction but has reservations on its jurisdiction over sea and land territorial disputes. Thus the possibility of solving the problem through the ICJ can also be ruled out.

Besides, according to Article 298 of UNCLOS, China made a statutory declaration on Aug 25, 2006 to the UN secretary-general that it doesn't accept any international court or arbitration in disputes over sea delimitation, territorial disputes and military activities. So the International Tribunal for the Law of the Sea cannot intervene in the South China Sea disputes between China and some Southeast Asian countries.

Moreover, without an agreement among the relevant countries, no arbitration organization can deal with the disputes. Therefore, the disputes cannot be resolved politically any time soon.

But there are some good examples of success. On June 30, 2004, the China-Vietnam Agreement on the Demarcation of the Beibu Gulf and the Beibu Gulf Fishery Cooperation Agreement came into force. On March 14, 2005, China, Vietnam and the Philippines signed the Tripartite Agreement for Joint Marine Seismic Undertaking in the Agreement Area in the South China Sea. And recently, China and Vietnam have intensified negotiations on new agreements to resolve their other disputes.

Considering the difficulties a state face in compromising its territorial claims, political negotiation will be a long-drawn process. Before reaching a solution, a wise choice for China and other countries locked in the disputes would be to discuss and sign some cooperative agreements on "low-level" issues such as environmental protection, marine transportation, and anti-piracy and anti-smuggling actions to prevent the disputes from worsening. Such cooperation will be not only in line with the Declaration on the Conduct of Parties in the South China Sea, but also in accordance with the Article 123 of UNCLOS on "cooperation of States bordering enclosed or semi-enclosed seas".

Sino-US disputes, on the other hand, are more complex and can only be resolved politically. The two countries understand and interpret UNCLOS differently, including the scientific research in and peaceful use of exclusive economic zones.

Both have different interpretations of the third point of Article 58 of UNCLOS, which says: "In exercising their rights and performing their duties under this Convention in the exclusive economic zone, States shall have due regard to the rights and duties of the coastal State and shall comply with the laws and regulations adopted by the coastal State in accordance with the provisions of this Convention and other rules of international law in so far as they are not incompatible with this Part."

But neither has accepted the jurisdiction of the ICJ. So they cannot use its explanation or rulings. And since the US has not joined the convention and China has ruled out the possibility of international arbitration in the issue, a legal solution to the problem is not possible.

Several mechanisms exist between China and US, such as dialogues on sea security and Asia-Pacific affairs, through which they resolve their disputes politically. The two countries need to deepen their understanding and strengthen mutual trust, especially on the interpretation of UNCLOS to maintain peace and stability in the region.

But because neither international nor regional mechanisms on the sea are likely to be changed in the near future, it is essential for China to give the final shape to its domestic laws and regulations.

First, China should clarify the legal status of its "nine-dash" U-shaped line in the South China Sea.

Second, China should publicize its mare clausum (baseline of territorial sea) in the South China Sea, especially near the Nansha Islands, apart from setting up a special committee on sea affairs and making sea laws and regulations more coordinated.

Third, cooperation between the Chinese mainland and Taiwan should be enhanced. Given the progress in cross-Straits relations, the two sides can start cooperation on easier issues such as environmental protection, scientific research, fisheries and disaster prevention to set up a cross-Straits framework on sea issues, because both have the responsibility of defending the interests of the nation.

本文原刊于《中国日报》2011年7月7日，第9版

May Better Sense Prevail in Sea Disputes

The Western media tend to sensationalize any dispute between China and its neighboring countries, especially if it could intensify the situation in the South China Sea. No wonder, before the upcoming APEC and East Asia summits the Western media have been busy reporting that Vietnam has invited foreign oil companies to exploit the oilfields in the disputed area, which is claimed by China and Vietnam both, and create a storm over the analysis of a Hanoi-based researcher that "territorial tensions in the South China Sea could explode into full-scale conflicts".

Vietnam's move has undoubtedly cast a shadow on the joint agreement signed between Beijing and Hanoi last month. This is something which China is strongly opposed to. But it would be wrong to say that Vietnam actually tried to win time to exploit the oilfields and develop its military.

People with diverse views exist in almost every country, and Vietnam is no exception. From its government to its academia, Vietnam has people with tough as well as moderate views on China. Therefore, one scholar's views cannot represent that of the country.

In the joint agreement, both countries have agreed on "peaceful settlement" of the South China Sea disputes. China firmly believes in resolving maritime disputes through peaceful means, including "shelving disputes and seeking common development", because it has successfully resolved land border disputes with 12 neighboring countries through negotiations and friendly consultations.

The peaceful settlement of the South China Sea disputes will surely come with hardship, but it is worth striving for. The joint agreement does not necessarily mean that China and Vietnam will be trouble-free. On the contrary, frictions will arise. What both countries should do is to keep the frictions under control.

If Vietnam continues to invite foreign companies to exploit the disputed area, China can do even more to invite other companies to jointly exploit the resources or develop the area alone. Actually, China has large-drilling platforms and has the full capacity to exploit the disputed area. But China doesn't want to do so and instead, is exercising great restraint to safeguard peace in the region.

If Vietnam really eats its words and doesn't follow the joint agreement, it stands to lose its standing on the international stage and no country will cooperate with and trust it, which is not something it can afford.

The China-Vietnam agreements, aimed at advancing bilateral cooperation on some less sensitive maritime issues to explore interim and temporary solutions and then foster conditions necessary for resolving bilateral disagreements, serve not only bilateral interests but also the welfare of other countries. Both countries should try to find ways to carry out the principles in the agreement, which will have a far-reaching impact on the region.

China and Vietnam have disputes over the South China Sea, and it will be of mutual benefit for both to respect history, each other's stands and interests, and avoid any activity that can complicate and escalate the disputes.

For that purpose, China and Vietnam should agree to step up negotiations on maritime issues, seek some interim and temporary solutions, and start bilateral cooperation in less sensitive fields such as marine environment protection, marine scientific research, and marine rescue and disaster mitigation to create conditions necessary to arrive at a final solution and for the joint development of marine resources in the disputed area.

The China-Vietnam agreements on maritime issues lay a political ground on which both sides can hold dialogues and consultations to address the bilateral disputes. In fact, it is difficult to resolve their disagreements by using international laws, because neither side has agreed to submit to the jurisdiction of the International Court of Justice (ICJ) in bilateral contentious issues under Article 36 of the Statute of the ICJ.

Besides, China made a statutory declaration on Aug 25, 2006, to the UN secretary-general that it does not accept arbitration in maritime border disputes. With the possibility of resolving the disputes through the ICJ being ruled out, the China-Vietnam agreements provide a political framework for negotiations and friendly consultations.

If China and Vietnam succeed in resolving their maritime disputes by holding bilateral dialogues and consultations on an equal footing, exploring interim solutions and seeking joint development, their example will offer other countries some guidance in resolving similar maritime disputes. More importantly, it will demonstrate that concerted efforts are of vital importance in handling contentious issues and excluding intervention from "outsiders".

The bilateral agreements reached between China and Vietnam on maritime issues is significant for regional peace and stability and offers a solution to other countries, which the international community deserves to support instead of using it to sow discord.

Besides, both sides should make full use of the established platforms, including regular meetings that are held twice a year between the heads of the two countries' negotiation delegations and the hotline of the two governments. They could dig into maritime cooperation in the less sensitive areas as mentioned above, too, before touching upon the issue of joint development of maritime resources.

Moreover, the two countries should be cautious against media sensationalism and prevent any mishandling of the South China Sea disputes from hindering joint efforts aimed at eliminating misunderstanding and facilitating mutual trust.

China has been making great efforts to resolve the disputes peacefully, and Vietnam should do the same.

本文原刊于《中国日报》2011年11月9日，第9版

中国基于南海U形线的主张果真毫无依据吗

菲律宾外长罗萨里奥2012年4月22日发表声明宣称:"中国基于九段线,企图用历史文献记录主张对整个南海拥有主权,明显是毫无根据的。"南海问题的焦点之一,是中国在南海划出的九段线或U形线的法律地位问题。笔者认为,在南海问题的处理上,重要的工作之一为,中国应进一步明确中国在南海划出的九段线或U形线的法律地位及其属性,并寻求海洋法的理论支撑。

尽管针对九段线的法律地位存在不同的学说和观点,但其基本属性应为岛屿归属线,再依据陆地支配海洋原则和海洋法制度,才可确定九段线内水域的法律属性。

一、南海U形线的背景

众所周知,1947年12月1日,中华民国内政部正式公布"南海诸岛新旧名称对照表",共计159个小岛或礁屿。1948年2月内政部正式对外出版注明所有岛礁名称的"南海诸岛位置图"。在图上正式划有一条U形疆界线,将东沙群岛、西沙群岛、中沙群岛和南沙群岛均包括在内,并将最南端的曾母暗沙明确标出,位于北纬4度左右。这一疆界线并不连贯,共分为十一段。1953年,中国政府去掉了北部湾内的两段,变为九段,成为九段线,简称U形线。

笔者认为,中国政府在南海划出U形线的背景,主要体现在以下两个方面:

第一,外国入侵所迫。U形线产生于1933年法国侵占南沙群岛九小岛之时;定型于抗日战争结束后法国再度侵占西沙群岛的珊瑚岛和南沙群岛的部分岛礁,以及菲律宾企图将群岛"合并于国防范围之内"的背景下,目的是为了维护中国政府在南海诸岛的领土主权,并向世界公布中国政府在南海的管辖海域。

第二,海洋形势使然。1945年9月28日,美国发布了《关于大陆架的底土和海床的自然资源的政策的第2667号总统公告》(简称《杜鲁门公告》),目的是建立排他性的渔业资源保护区以及获取大陆架的利益。此后,许多沿海国家特别是拉美国家纷纷采取更加激进的200海里专属经济利益海域政策,为此,中国政府采取了比较温和的政策,公布了以"中间线"方式划定的U形线,试图区隔其他南海周边国家与中国在海域上的权利和利益空间,并保障中国本身在此海域的"历史利益"。其实,中国对南海诸岛的主权主张,历史悠久,可追溯至汉代。

总之,中国于1947年12月制成的"南海诸岛位置图"之U形线至少可被认定为中国在南海诸岛屿之主权归属界线;线内诸岛礁均为中国领土。

关于南海U形线的地位问题,国际社会有不同的学说或观点。主要为:"历史性水域说""历史性权利说""海上疆界线说"和"岛屿归属线说"。应该说,南海U形线既具有历史性的属性,又有海上疆界线的要素,但由于陆地支配海洋,所以其最基本的法律属性应为岛屿归属线。此结论与中国长久以来的公开宣示立场一致。

二、U形线内水域之法律地位

首先，U形线内水域不是内水。因为U形线是断续线，与陆地疆界线不同。中国政府不仅从未表明线内水域为内水，也从未反对其他国家在该线内水域船舶之航行。

其次，U形线内水域不是领海。中国政府于1958年9月4日宣布了《关于领海的声明》。其第1款指出，中国的领海宽度为12海里，该《声明》适用于中国的一切领土，包括中国大陆及其沿海岛屿，台湾及其周围各岛、澎湖列岛、东沙群岛、西沙群岛、中沙群岛、南沙群岛以及其他属于中国的岛屿。《声明》第2款指出，中国大陆及其沿海岛屿的领海以连接大陆岸上和沿海岸外缘岛屿上各基点之间的各直线为基线，从基线向外延伸12海里的水域是中国的领海。

可见，只有在距离南海诸岛屿基线外12海里之内的带状水域，才是中国的领海，其他U形线内广大的水域，均非领海。

再次，U形线内水域是公海吗？如果U形线内之水域，除各岛礁四周12海里宽之领海外，都是公海的话，则中国政府何须在1947年的"南海诸岛位置图"中划出U形线？鉴于U形线是以南海诸岛与邻近国家陆地间之"中间线"为基准划成，所以，中国政府试图以此线区分中国与邻近国家间对南海水域的管辖和利益分配，因为，U形线内水域必然与U线外水域不同，它自然不可能被认为是公海。

最后，U形线内水域是其他水域吗？U线内水域当然也不是毗连区、专属经济区或群岛水域。从结论上看，其为具有历史性质的特殊水域。理由主要为：

第一，中国人自古以来航行、利用此一水域，且四周使用此一水域的国家有限，大都是以中国为宗主国的小国，长久以来，定期向中国纳贡称臣。所以，中国政府在此一水域长期地、不受挑战地扮演着主宰者的角色，这种特殊的历史关系，应使此一水域与一般水域稍有不同。

第二，此一水域中主要的群岛、群礁均为中国因先占而取得主权，为中国传统之固有领土。此也使得此一水域与一般其他水域不同。

第三，此一水域为一半封闭海中靠近中国岛屿之部分，而根据《联合国海洋法公约》第122—123条，其具有特殊性，使得非属本区域内之其他国家之权利受到某些减损。

第四，《公约》中的专属经济区制度、群岛水域制度得到发展，有其特殊性。例如，专属经济区制度源于美国《杜鲁门公告》后，拉美国家相继要求建立200海里之资源保护区才设立的。群岛水域制度是在菲律宾、印度尼西亚等国的一再要求下成为《公约》制度的，而群岛水域既非内水、领海，也非公海和专属经济区。所以，根据《公约》的发展历程，中国可将U形线内水域发展成为"特殊的历史水域"。而《公约》中与历史利益有关的条款内容主要为：《公约》第15条规定，海岸相向或相邻国家间领海界限的划定以等距离中间线为准；但如因历史性所有权或其他特殊情况而有必要按照与上述规定不同的方法划定两国领海的界限，则不适用上述规定。同时，U形线内水域也不是《公约》第10条规定的"历史性"海湾。《公约》第298条还规定了涉及历史性海湾或所有权的争端。

三、U形线内水域的法律属性

笔者认为，U形线内水域性质至少具有以下属性：(1) U形线之划定是针对1945年《杜鲁门公告》以后，因应世界海洋事务发展潮流而作出的反应。(2) U形线内之岛屿、岩块及低潮高地，均为中国领域主权所及之领土,因此,U形线至少为中国之岛屿归属线,即线内岛礁均属于中国。因为,中国对南海岛礁的发现、有效占领之证据,其他国家无可比拟。换言之,印度尼西亚、马来西亚等国家提出的所谓"邻接"主张,在国际法上无依据;菲律宾于1956年5月15日提出的克洛马之"发现"与"占有",更不值驳斥;越南主张"先占"的依据为:依照18世纪黎贵敦所写之《抚边杂录》一书记载,越南在18世纪初已在经营黄沙(西沙)并将其列入越南版图。对此,根据韩振华教授的考证,越南历史图籍中的黄沙、长沙都是越南近海中的一些岛屿、沙滩,与我国的西沙、南沙群岛毫无关系。可见,越南的主张也无法与我国对南海诸岛的主张相提并论。(3) U形线内水域为一特殊之历史性水域,其权利主张基础为中国在此海域中之历史利益。(4) U形线内水域包含两种性质,一是各群岛以直线基线围成之"群岛水域"。而根据《公约》第46条的规定,能否成为"群岛水域"是有争议的,关键是该区域能否使这些岛屿、水域和其他自然地形在本质上构成一个地理、经济和政治的实体,或在历史上已被视为这种实体,以满足群岛水域的要件。二是以传统权利利益为取向的历史性水域。(5) U形线为中国与南海邻国权利利益空间之区隔线。(6) U形线尚未完全确立细节之历史性水域外界线。换言之,U形线可作为中国与他国之间进行海域划界的起始工作线。

可见,南海诸岛水域为特殊历史性水域,依据傅崐成教授的观点,中国对南海水域(U形线内水域)的主张,从法律上可分为三个不同的层次:

第一,南海为半封闭海的层次。各国可依据《公约》第123条,对其中之生物资源、环境、航运及科学研究事务进行合作。但中国可基于历史利益处于优先的地位。

第二,中国政府和人民在U形线内水域基于历史证据享有各种优先的权利，主要包括对其中的海洋各种资源进行管理、养护、勘探和开发之优先权利；保护与保全海洋环境之优先权利；科学研究之优先权利；航海、航空交通管制的权利，甚至管制周边国家相关航行活动。

第三，在西沙、南沙群岛以直线基线划出两三块群岛水域，实施群岛水域制度，中国在此水域内享有完整排他之主权，但并不妨碍其他国家之过境通行权或群岛海道通行权。

本文原刊于《东方早报》2012年4月24日，第A17版

解决南海问题的现实步骤

从最近两岸关系的发展进程和两岸针对海洋问题立场基本相同的境况来看，两岸实施海洋问题合作的时机已经到来。

南海问题中领土争议历史和现状，极其复杂，解决难度极大，一般很难一次性最终解决，所以可采用分步骤的方法逐步解决。

对于中国与东盟某些国家之间的南海领土争议，拟可采取以下步骤。

首先，实施低层面(或低敏感)领域的合作。

中国与他国存在解决或缓和南海问题争议的先例。例如，于2004年6月30日生效的《中越北部湾划界协议》；中国、菲律宾和越南于2005年3月14日签署的《在南中国海协议区三方联合海洋地震工作协议》；中国与东盟就推进落实《南海各方行为宣言》及后续行动进程，包括落实《南海各方行为宣言》指针达成共识(2011年7月20日)，力争在南海防灾减灾、海洋搜救、海洋科研等方面进行合作；2011年10月11日，中越签署《关于指导解决中越海上问题基本原则协议》等，这些均为维护南海稳定、增进互信和推进合作，为有关当事国最终和平解决争议创造了良好条件和氛围，值得坚持和推进实施。

换言之，在最终解决南海领土争议问题前，为预防事态的进一步恶化，在区域(中国与东盟)缔结低层面领域(例如，海洋环保，海洋科学研究，海上航行和交通安全，搜寻与救助，打击跨国犯罪包括但不限于打击毒品走私、海盗和海上武装抢劫以及军火走私)的工作协议或合作协议，则是一个延缓争议升级的有效方法与途径。这不仅符合《南海各方行为宣言》第6款宣言的原则，也符合《联合国海洋法公约》第123条关于在半闭海沿岸国应就非生物资源以外领域开展合作的原则与要求。当前的重要任务之一，为各国应依据达成的上述指针努力推进各领域的合作进程。

尽管《南海各方行为宣言》《关于指导解决中越海上问题基本原则协议》内容没有涉及渔业合作领域，但为切实保护渔民捕鱼权问题，减少冲突和抓扣事件的发生，相关国家之间就渔业领域进行合作是一个很重要的方面，对此需要有共同的意愿和共识，并为实施渔业合作而努力。当相关方就渔业领域合作协商谈判时，可以预见，争议的焦点将集中于渔业合作区域的界定和执法管辖权冲突如何处理的问题。渔业合作的区域范围难以确定，相应地，捕鱼事件引发争议的管辖权就无法确定。而为减少南海捕鱼事件及冲突事故发生，相关方应特别努力构筑海上信息通报与事故处理制度，并主要遵守船旗国管辖原则。为此，相关方对渔业合作问题展开研讨，就显得尤为重要和迫切；在条件成熟时，也可考虑联合巡航执法管理模式与制度。

其次，待低层面领域的合作深化、互信增强后，应尽快制定具有拘束力的行为准则。

鉴于《南海各方行为宣言》存在一些缺陷，包括无法判定和处罚使南海争议复杂化、扩大化及影响南海稳定的行为和行动，所以，制定诸如《南海各方行为准则》等具有法律拘束力的文件就显得尤为重要。尽管2004年12月设立的中国与东盟联合工作组，自2005年8月至2011年4月已举行了六次会议,但未能就制定具有法律拘束力的文件达成一致。为此,各方应继续就制定南海各方行为准则进行协商,并为协商一致而努力,这是符合区域制度的原则和要求的。因为,《南海各方行为宣言》第10款规定,有关各方重申制定南海行为准则将进一步促进本地区和平与稳定,并同意在各方协商一致的基础上,朝最终达成该目标而努力。

中国政府对在条件成熟时讨论制定《南海各方行为准则》持开放的态度,并认为当前的重要任务应为启动南海低层面领域的务实合作,待合作深化、互信增强后,再拟定南海各方行为准则较妥。应该说,采取这样的步骤是比较合理的,因为如果各方未达成足够的互信和共识,要想制定具有法律拘束力的文件是比较困难的。可以预见,在制定南海各方行为准则时遇到的难题之一为:如何处理他国已抢占或非法控制的原属于我国岛礁的行为及资源开发活动的法律属性,即这些行为或活动是无效、冻结,还是其他,对此各方会产生严重的对立和分歧。

第三,力图最终解决领土争议问题,抑或实施共同开发制度。

应该说,利用和平方法缔结最终协议,是解决南海领土争议问题的最好方法,但由于南海领土争议问题涉及多方,牵涉领域和因素众多,包括历史、地理、国际关系和国际法等,也无法排除域外大国的干涉,又关联民族情绪和感情,一般各方无法作出妥协和让步,所以极难解决和平衡。为此,应坚持"搁置争议、共同开发"的原则,切实实施共同开发制度,包括设立诸如能源共同体那样的机构,实施共同开发,以共享资源。

最后,应该指出的是,南海领土争议问题的解决需要得到台湾地区的支持,实施两岸海洋问题合作特别紧要。从最近两岸关系的发展进程和两岸针对海洋问题立场基本相同的境况来看,两岸实施海洋问题合作的时机已经到来,具体可授权两会缔结海洋问题合作框架协议,特别应先在低层面领域推进实施，待条件成熟和合作深化后，再予以提升，坚持先易后难、循序渐进的原则。

南海问题是一个十分复杂的问题，仍会不断地显现；南海问题的解决考验中国人民的外交政策和法律举措，但需坚持利用和平方法合理解决争议的原则。要避免南海问题的争议恶化和升级，我国应采取综合性的政策和措施予以处理，包括制定国家海洋发展战略，制定和完善海洋法制，特别应完善组织机构(例如，设立国家海洋事务委员会)和相关海洋法律制度，以提升解决海洋问题的效率和能力，此外，为捍卫国家主权和领土完整，发展海上军事力量也十分必要。

本文原刊于《东方早报》2012年4月25日，第A18版

"搁置争议、共同开发"再思考

近期,南海问题已成为国际社会关注的热点问题,依据包括《联合国宪章》《联合国海洋法公约》《南海各方行为宣言》等在内的国际法及国际关系准则,利用和平方法解决南海问题争议是必须坚持和努力的方向,是符合包括美国在内的大多数国家的愿望的。

在国家之间存在争端时,首先必须利用和平方法解决,这是国家必须遵守的原则和义务,得到了多数国际法包括国际条约、区域制度性规范的明确肯定。尽管政治方法是解决南沙岛礁领土争议的必要方法,但利用政治方法解决南沙岛礁领土争议仍存在一些困难或局限性。

中国于20世纪70年代提出了"搁置争议、共同开发"的方针,以解决中日钓鱼岛领土主权归属争端;1984年又明确提出了"主权属我、搁置争议、共同开发"的方针,以解决南沙争端,但此原则或方针受到不同程度的挑战,并未被多国现实地接受,尽管其存在明确的国际法依据。

由于"搁置争议、共同开发"方针,特别是"共同开发"是一个较新概念,国际社会并未对共同开发的概念达成一致的观点,即在理论上存在理解和认识上的分歧。

一般来说,所谓的共同开发是指,两个或两个以上的国家达成政府间的协议,其目的是为开发和分配尚未划界的领土争议重叠区的自然资源,而共同行使在此区域内的主权和管辖权。

实际上，共同开发具有国际法的依据，最主要的是《公约》第74条第3款和第83条第3款。尽管《公约》上述条款并未使用"共同开发"术语，但从文本含义来看，显然"临时安排"包括"共同开发"，且"共同开发"为"临时安排"的重要形式。同时，通过协议共同开发已被各国广泛采用和发展，实践证明，它具有强大生命力。

自20世纪50年代以来，国际上共同开发的实践达20余例，分散于世界各地。共同开发已成为世界范围内延缓解决领土争议的实践，包括两种情况：一是在划界协定中规定共同分享利益和建立共同开发区；二是在未达成划界协议前，先在重叠区就共同开发达成协议。此外，共同开发也得到国际法院的认可。例如，国际法院在北海大陆架案 (1969年) 中认为，大陆架划界可通过协议解决，或达不成协议时通过公平划分重叠区域，或通过共同开发的协议解决。可见，在理论上尽管对共同开发的概念存在分歧，但利用共同开发制度开发资源的国际实践众多，可予以借鉴。

但现实往往是，缺乏实施共同开发的政治意愿或无法从中获取更多的现实利益，致使共同开发制度目前无法在南海问题上切实实施。

从共同开发的特征来看，其具有实践性、有益性、临时性和共同性的特征。

所谓的实践性，意味着共同开发旨在对争议区域的潜在资源通过合作协议实施勘探开发、付诸实践的活动；所谓的有益性，即有关国家搁置争议尽早实施勘探和开发，有利于各方消除分歧、获得实在的利益；所谓的临时性，是指共同开发主要为开发争议区域的自然资源，其协定本身不代表最终解决争议，也不影响争议区域的法律地位与最终的划界，具有过渡的性质；所谓的共同性，是表明共同开发协议旨在鼓励双方或多方对争议区域资源实施共同开发，禁止单方开发。

此外，共同开发具有双重制度性质，特别是除法律性质以外，政治性质浓厚。

所谓的政治性，是指双方或多方本着互惠合作的原则，在政府首脑间达成共同开发的政治意愿与共识，以实施共同开发。所谓的法律性，是指为落实共同开发制度，需要双方或多方制定双边或多边关于海底资源开发协议，以保障共同开发制度的实施。

所以，共同开发作为一项政治性质浓厚的国际合作活动，在谈判前后，以及在探讨共同开发协议的过程中，均受到相关方政治意愿强弱或现实利益平衡的影响和制约。对于在南海，特别是南沙群岛周边海域已进行大量资源开发活动的国家来说，实施共同开发的意愿和现实需求就明显地缺乏了，从而即使通过协商谈判也很难实质性地缔结相关的共同开发协议。

由于在南海存在南沙岛礁主权归属争议，特别是存在主张重叠的状况，争议又牵涉多数国家，致使争议海域难以界定；同时，他国已抢占了多个南沙岛礁，并正在大力开发其资源，从而严重地缩小了可以实施共同开发的区域范围。要在南沙群岛周边海域找出一些可以让双方或多方接受的区域实施共同开发制度，存在实际操作上的困难。

尽管"搁置争议、共同开发"遭到了一些冷遇、甚至受到了忽视，但其依然是中国必须坚持的解决包括南沙岛礁领土争议在内的海洋问题的政策与立场，关键是要找到突破口，采取新思路。

从最近的实践来看，经过多方努力，是可以实现"搁置争议、共同开发"的政策目标的。例如，于2004年6月30日生效的《中越北部湾划界协定》和《中越北部湾渔业协定》；2005年3月14日中国与菲律宾和越南签署的《在南中国海协议区联合海洋地震工作协议》。这些均被认为是向落实"搁置争议、共同开发"原则迈出了历史性的、实质性步伐的成果。尽管后者效果并不明显，甚至遭到了终止的命运，但其对于维护南海的暂时稳定，起到了很好的作用。

近期，中越两国将加快《指导中越海上问题基本原则协议》磋商，争取尽早签署协议；推进落实《南海各方行为宣言》及后续行动进程，力争尽早取得实质性进展，就是一个很好的利用政治方法解决南沙岛礁领土争议问题的积极信号，值得重视。

另外，2011年7月20日，中国与东盟就落实《南海各方行为宣言》指针达成共识，也为南海问题包括南沙岛礁领土争议问题的政治解决提供了制度保障，值得坚持和推进实施。特别是2011年10月11日，中越两国缔结的《关于指导解决中国和越南海上问题基本原则协议》，2011年10月15日《中越联合声明》的发布，均为两国利用和平方法解决双方存在的海洋争议提供了政治保障，对于延缓包括南海问题在内的海上争议和冲突升级、解决海洋争议问题具有重要的意义。

为此，如何采取有效措施，激活或制定此类工作协议，包括缔结其他领域（例如，海洋环保、海洋科学研究、海上航行和交通安全、搜寻与救助、打击跨国犯罪包括打击海盗行为等领域）的工作协议或合作协议应是一个努力的方向。这也符合相关国际制度规范和要求。

此外，在半闭海的南海，尽力缔结此类工作协议或合作协议也是《公约》第123条关于在半闭海沿岸国就非生物资源以外领域应开展合作的原则所要求的。

如果此类低层面领域的合作协议或工作协议可以达成，并稳步推进，则对于消除各方分歧、缓和南海局势、延缓南海争议冲突，无疑会产生积极的作用。

本文原刊于《东方早报》2012年5月11日，第A16版

解决南沙岛礁领土争议的法律障碍

尽管中国政府一直以来坚持用政治方法解决国家间争端的原则和立场,但在政治方法遭到冷落或效果不佳时,也可探讨利用法律方法解决诸如南沙岛礁领土争议之可能性。事实上,在国家间利益冲突十分明显,特别在领土主权问题上存在严重对立和分歧时,力图用"搁置争议、共同开发"等原则通过政治方法解决诸如南沙岛礁领土争议那样的难题,目前而言是非常困难的。

依据《联合国海洋法公约》第74条和第83条的规定,在最终解决领土争议和缔结划界协议前,相关国家应遵守一些义务。主要为:谈判磋商义务,即为达成划界协议而进行谈判的义务;努力缔结临时安排义务,即各方为缔结临时安排而努力的义务;禁止单方行为义务,即禁止单方实施危害或阻碍最终划界协议达成的行为之义务。

有关国家的上述义务应从何时开始呢?对此,国际社会主要存在以下几种观点或主张。第一,上述义务从对同一海域的主张发生重叠时开始;第二,上述义务从开始谈判临时安排时开始;第三,上述义务从成立临时安排时开始;第四,上述义务自最终划界起开始。从《公约》上述条款的宗旨来看,如果将有关国家的上述义务解释为从谈判开始后即应遵循的话,则另一方有可能在谈判开始前就会对争议海域的资源等实施单方开发活动,因此,笔者认为比较合理的解释为:有关国家从海域划界主张重叠时起,就应遵循上述相关义务。

具体义务表现在以下方面:第一,诚实履行磋商义务。双方或多方应通过对话、谈判等方法,协商解决,即缩小争议分歧,互通信息,诚意履行使磋商有效的义务。第二,避免争议升级义务。即要求各方面对争议现状,不要采取单方面的行动和措施,保持克制,避免争议进一步升级。第三,推进磋商成果义务。即在磋商中,双方或多方承担为推进协议达成而努力的义务,坚持互谅互让,稳步推进磋商成果。第四,加强合作交流义务。即为达成最终协议或阶段性共识或合意,双方或多方应加强合作与交流,并遵守达成的共识。

一、法律解决的前提与条件

由于国际法无强制性的管辖权,相关国家如想利用法律方法解决争端,必须接受司法机关的管辖或缔结仲裁协议,以便国际法院或仲裁机构有权处理和解决争议问题。具体到南沙岛礁领土争议问题,考虑在相关国家间缔结仲裁协议、利用仲裁机关裁决的可能性不大。

对于国际法院来说,根据《国际法院规约》第36条第2款的规定,本规约各当事国得随时声明关于具有下列性质之一切法律争端,对于接受同样义务之任何其他国家,承认法院之管辖权为当然而具有强制性,无须另订特别协定:(1)条约之解释;(2)国际法之任何问题;(3)任何事实之存在,如经确定即属违反国际义务者;(4)因违反国际义务而应予赔偿之性质及其范围。也就是说,如果要将争端提交国际法院,则必须作出接受国际法院管辖的声明。

同时,国际法院受理的案件必须是法律争端的案件。国际法院将争端分为法律争端和非法律争端,且其只接受法律争端。国际法院将非法律争端排除管辖的原因主要是:国际法院并不具有如国内法院那样的强制性管辖权;国际法内容常与现实缺乏协调性,并具有固定的性质。所以,国际法院就要求将不利用国际法解决争端的事项除外,只接受和处理当事方均从法律观点出发存在的争端,从而出现了国际法院将非法律争端排除在外的情况。

对于国际法院的管辖权来说,如上所述,相关国家原则上事先需要作出接受国际法院管辖权的声明。但当一方向国际法院提起诉讼时,就存在应诉管辖(forum prorogatum)的事例。

所谓的应诉管辖,是指相关方即无义务管辖权的一方,在对对方是否同意接受国际法院管辖毫不知情的情形下,向国际法院提起诉讼,在此后的程序中,根据对方的明示或默示的意思表示接受法院管辖权,而赋予法院对该事件的管辖权,正式开始诉讼的状况。

尽管通过应诉管辖的方法,国际法院可开始诉讼程序,但此方法并未在《国际法院规约》中作出明确的规定,只是从常设国际法院起作为裁判惯例逐渐为各国认可的,也得到了国际法院的案例确认。例如,国际法院于1948年3月25日对科孚海峡案作出的先决性抗辩判决就属于应诉管辖。即针对英国一方向国际法院提出的请求,阿尔巴尼亚在送交法院书记官的信中指出,尽管英国一方提起的诉讼并不合适,但为使自己国家表示对"国家间友好合作及和平解决争端各原则"的热情和诚意,并不错失机会,国家有在法庭出庭的意思,从而接受了国际法院的管辖。

《国际法院规约》规定,可向国际法院提起诉讼或应诉的当事者一般限于国家。而为能使国家成为诉讼当事者,诉讼双方首先必须是《国际法院规约》的当事国。由于国际法院是联合国的主要机关之一,所以联合国会员国当然是《国际法院规约》的当事国。非联合国会员国之国家成为《国际法院规约》当事国之条件，应由大会经安理会之建议就个别情形决定之。

对于国际法院适用的裁判准则，规定在《国际法院规约》第38条。其第1款规定，法院对于陈诉各项争端，应依国际法裁判之，裁判时应适用：(1) 不论普通或特别国际协约，确立诉讼当事国明白承认之规条者；(2) 国际习惯，作为通例之证明而经接受为法律者；(3) 一般法律原则为文明各国所承认者；(4) 在第59条规定之下，司法判例及各国权威最高之公法学家学说，作为确定法律原则之补助资料者。第2款规定，前项规定不妨碍法院经当事国同意本着"公允及善良"原则裁判案件之权。可见，作为国际法院的裁判准则主要为国际条约、国际习惯法和一般法律原则，其他则为辅助的裁判准则。

国际法院的判决在法律上拘束当事国，当事国负有履行国际法院判决的法律义务。这是国际法上的一项原则。对于判决的拘束力问题，《国际法院规约》第59条规定，法院之裁判除对于当事国及本案外，无拘束力。但也存在例外情况，例如，《国际法院规约》第63条第1款规定，凡协约发生解释问题，而诉讼当事国以外尚有其他国家为该协约之签字国者，应立由书记官长通知各该国家。第2款规定，受前款通知之国家有参加程序之权，但如该国行使此项权利时，判决之解释对该国具有同样拘束力。

二、南海领土争议法律障碍

如上所述，利用法律方法包括国际法院管辖国际争端，必须得到相关方的同意，同意的方法包括事先对《国际法院规约》第36条作出选择性声明,采用应诉管辖方法接受国际法院的管辖权。尽管菲律宾于1972年1月18日作出了接受国际法院管辖的声明,但其对与海洋管辖权和对陆地领土有关的争端作了保留。换言之,菲律宾针对与海洋管辖权和陆地领土有关的争端,不接受国际法院的管辖。其他国家(例如,越南、马来西亚等国)和中国均未就《国际法院规约》第36条作出选择性声明。也就是说,在南沙岛礁领土争议问题上利用《国际法院规约》第36条规定由国际法院管辖解决南沙岛礁领土争议有很大的困难。

考虑到中国、越南、菲律宾等国均为《公约》的成员国。所以,需要考虑利用国际海洋法法庭解决南沙岛礁领土争议问题之可能性。

对于国际海洋法法庭(简称法庭)的管辖权,具体来说,主要分为以下三种。

(1)属人管辖(ratione personae)。《公约》第291条第1款规定,第十五部分规定的所有解决争端程序应对各缔约国开放;第2款规定,第十五部分规定的解决争端程序应仅依本公约具体规定对缔约国以外实体开放。《国际海洋法法庭规约》第20条规定,法庭应对各缔约国及满足一定条件的缔约国以外的实体开放。即法庭的属人管辖为:第一,不仅包括《公约》的缔约国,而且也包括满足《公约》第305条第1款条件的自治联合体、非自治区域及国际组织;第二,对于《公约》第十一部分明文规定的任何案件,除缔约国外,(国际海底)管理局、企业部、国营企业、自然人或法人也能成为当事者;第三,按照案件当事所有各方接受的将管辖权授予法庭的任何其他协定所提交的任何案件,法庭应对缔约国以外的实体开放。当然,这些协定并非限于国际协定,只要案件当事所有各方接受法庭管辖,其主体范围就不受限制。

(2)属事管辖(ratione materiae)。《公约》第288条规定,国际法院或法庭对于按照本部分(《公约》第十五部分)向其提出的有关本公约的解释或适用的任何争端,应具有管辖权;对于按照与本公约的目的有关的国际协定向其提出的有关协定的解释或适用的任何争端,也应具有管辖权;法庭海底争端分庭和第十一部分第五节所指的任何其他分庭或仲裁法庭,对按照该节向其提出的任何事项,应具有管辖权。《国际海洋法法庭规约》第21条规定,法庭的管辖权包括按照本公约向其提交的一切争端和申请,和将管辖权授予法庭的任何其他协定中具体规定的一切申请。

对于属事管辖,与国际法院相比,《国际法院规约》规定的是一切案件;而《国际海洋法法庭规约》规定的是与《公约》有关的一切争端和申请。可见,国际法院的管辖事项多于法庭的管辖事项。这是由法庭的专业性决定的。

《国际海洋法法庭规约》第22条规定,如果同本公约所包括的主题事项有关的现行有效条约或《公约》的所有缔约国同意,则有关这种条约或《公约》的解释或适用的任何争端,可按照这种协定提交法庭。即只要条约的所有缔约国同意,就能将事件提交法庭。但"现行有效的条约"以什么时间为基准并未明确,可以考虑理解为是制定《公约》时有效的条约。

(3)管辖权的选择。《公约》第287条第1款规定,一国在签署、批准或加入本公约时,或在其后任何时间,应有自由用书面声明的方式选择法庭、国际法院、仲裁法庭、特别仲裁法庭的任何一个或一个以上的方法,以解决有关本公约的解释或适用的争端。即缔约国通过事前接受解决争端的方法,就选择了国际法院或法庭的管辖权;在接受同一程序的争端当事国之间,只要将争端提交这种程序;没有接受同一程序时,除没有特别协议外,只能提交仲裁法庭。

《公约》缔约国根据第287条通过声明的方式,可以接受国际法院或法庭的强制管辖权;同时,缔约国对于《公约》第298条所列举的争端,也可以书面声明下列各类争端的一类或一类以上不接受自己选择的国际法院或法庭的强制管辖权。这种选择性的例外为:关于划定海洋边界或涉及历史性海湾或所有权的争端,军事活动以及关于行使主权权利或管辖权的法律执行活动的争端,以及正由安理会执行《联合国宪章》所赋予的职务的争端;同时,对于作出这种声明的缔约国,随时可撤回声明。

中国自1996年批准《公约》以来,一直未选择《公约》第287条规定的有关本公约的解释或适用的争端方法。中国政府于2006年8月25日,根据《公约》第298条之规定,向联合国秘书长提交了书面声明,指出,对于《公约》第298条第1款第(a)、(b)和(c)项所述的任何争端(即涉及海洋划界、领土争端、军事活动等争端),中国政府不接受《公约》第十五部分第二节规定的任何国际司法或仲裁管辖。

换言之,中国对于涉及国家重大利益的海洋争端,排除了适用国际司法或仲裁解决的可能性,坚持有关国家通过协商谈判解决的立场。

此声明一方面表明了中国在上述争端中的一贯立场与态度;另一方面,相对于多依靠国际组织、利用国际司法手段解决国家间争端的国际发展趋势来说,似乎有点背离。当然,也不排除中国撤回上述声明,利用《公约》争端解决机制处理海洋争端的可能性。因为,《公约》第298条第2款规定,根据第298条第1款作出声明的缔约国,可随时撤回声明,或同意将该声明所排除的争端提交本公约规定的任何程序。

从以上对法庭的管辖权的分析可以看出,中国已就涉及海洋划界、领土争端和军事活动等争端作出了排除国际司法或仲裁管辖的可能性,如果中国不撤回上述声明或不同意接受规定的程序,则国际海洋法法庭处理南沙岛礁领土争议问题的可能性就不存在。

尽管如此，中国也应做好提交国际司法机构解决南沙岛礁领土争议问题的证据准备工作，同时，应加强对国际司法制度的研究。特别是国际法院在解决涉及领土主权的判例中，适用了一项具有层级结构的判案规则，即条约优先适用，再考虑实际保持占有，最后为有效控制。前者（条约和保持占有）是证明领土权利归属的直接方法；后者（有效控制）为间接方法。这对于我们收集相关证据和研究国际司法制度具有重要的参考价值。

总之，利用法律方法解决南沙岛礁领土争议问题存在一些无法消除或克服的障碍，无法适用；在相关方之间无法缔结仲裁协议处理南沙岛礁领土争议问题的情形下，中国仍希冀于通过政治方法解决。这也正是中国坚持利用政治方法或外交方法解决南沙岛礁领土争议问题之本质所在。而在利用政治方法最终解决南沙岛礁领土争议问题之前，我们需要商讨预防与应急处理南海问题进一步恶化的机制。笔者认为，可以操作的途径之一为，在无法解决南沙岛礁领土争议和海域划界争议的情形下，相关国家特别是中国与东盟某些国家应在低层面的领域（例如，海洋环保，海洋科学研究，海上航行和交通安全，搜寻和救助，打击跨国犯罪包括但不限于打击毒品走私、海盗和海上武装抢劫以及军火走私）努力缔结合作协议或工作协议，并切实实施。同时，应继续努力与东盟国家展开谈判，以缔结具有法律拘束力诸如南海行为准则等制度性规范，避免南海问题的进一步恶化。

这些合作协议或工作协议不仅是《南海各方行为宣言》所要求的，也是符合《公约》制度原则及要求的。另外，应让更多的国家批准加入于1985年生效的《国际海事搜救公约》、于1992年生效的《制止危及海上航行安全非法行为公约》等那样的国际条约，以更大范围地构筑国际合作体制，并为协调和发展南海问题合作框架制度提供基础。

三、应尽快制定海洋基本法

从国际社会实践来看,在国际、区域和双边关于海洋问题的制度还未健全或短期内难以修正完善的情形下,中国处理和应对海洋争议的有效途径之一为制定国家海洋发展战略和完善海洋体制机制。而保障上述措施实现的重要路径为中国应尽快制定和实施综合管理海洋事务的法律——海洋基本法。

实际上,中国早在《中国海洋21世纪议程》(1996年)中就提出了应制定诸如海洋基本法的要求或目标。其指出,中国应建立、健全以海洋基本法和综合管理法为主体的、行业法和地方法相互配套的海洋法规体系和监督及时有效、执法高效有力的海洋执法队伍,实现依法治海,保证海洋和沿海经济、社会的可持续发展。目前的国际国内形势发展对于中国制定国家海洋发展战略和完善海洋体制机制十分有利,也是国际社会的普遍共识。

一般来说,发展国家海洋事业的基本路径或路线图为:

首先,应明确国家核心利益,制定包括海洋发展在内的国家战略,对于中国来说,核心目标是建设海洋强国;

其次,应完善国家海洋发展战略实施的海洋政策,包括强化海洋理念与意识,加强海洋事务协调,提高海洋及其资源开发、控制和综合管理能力,弘扬海洋文化,不断开拓创新海洋科技,拓展对外交流和合作,推动中国海洋事业不断取得新成就;

再次,应制定海洋基本法,以保障海洋发展战略和海洋政策的推进落实,重点为完善中国的海洋体制和机制,包括设立国家海洋事务委员会等组织机构;

最后,应制定实施海洋基本法的基本计划,以补正海洋发展过程中的薄弱环节、要素或领域。

笔者认为,中国制定的海洋基本法,主要应包括以下内容:宣布国家海洋政策,即汇总一直以来中国针对海洋问题的政策,包括"搁置争议、共同开发"政策,构筑和谐海洋理念,并对外作出宣传和解释;设置管理海洋事务的国家机构,例如国家海洋事务委员会,以统一高效地协调管理国家海洋事务;公布国家发展海洋的重要领域,包括发展海洋产业和活动,积极开发、利用和管理海洋及其资源,保护海洋环境,确保通道安全,研发海洋技术,加强对管辖海域的管理及调查活动,增强对国民的海洋教育和宣传工作,强化国际海洋合作等。具体来说,主要包括以下方面:推进海洋及其资源的开发和利用;加强对海洋环境的监测和保护;推进专属经济区和大陆架等资源的开发与利用活动;确保海上运输安全;确保海洋安全;强化海洋调查工作;研发海洋科学技术;振兴海洋产业和加强国际竞争力;强化对沿岸海域的综合管理;拓展海洋新空间、新资源的开发与利用活动;保护岛屿及其生态;加强国际协调和促进国际合作;增进国民对海洋的理解和认识,培育海洋人才等。

中国制定海洋基本法的原则,应包括遵循《联合国海洋法公约》在内的国际法的原则和制度。具体的原则为:协调海洋的开发、利用与保护海洋环境原则;确保海洋安全原则;提升海洋教育规模和布局原则,以增进对海洋的科学认识和理解;促进海洋产业健康有序发展原则;综合协调管理海洋事务原则;参与协调国际海洋事务原则等。

尽管中国制定的海洋基本法的内容,是为了宣布中国针对海洋发展和海洋问题的政策性宣言,但对于其他国家进一步理解和认识中国针对海洋事务的立场与态度十分重要。由于中国的海洋政策特别是海洋经济发展政策,具有连续性和一贯性的特点,是对先前的海洋政策与立场的汇总和提炼,所以,并不会对其他国家造成不利的影响。同时,由于海洋基本法内容的重点是政策性的宣言，对海洋领域的部门法和具体法规并不会带来冲击和矛盾，相应地，也不会产生其他相关法律大幅修改和协调的问题。换言之，可以很好地处理海洋基本法与现存海洋领域其他部门法之间的关系，以维护现存海洋法律体系的完整性。

本文原刊于《东方早报》2012年5月14日，第A8—9版

China Must Safeguard Island

The harassment of Chinese fishermen by a Philippine naval vessel near Huangyan Island has severely undermined China's territorial sovereignty and maritime jurisdiction. China should dispatch naval vessels to waters off the island to safeguard its interests, given that the current fishery patrol vessels and marine surveillance ships, all non-military, will be unable to meet the country's security requirements if the month-long standoff continues.

Based on the United Nations Convention on the Law of the Sea, China has the right to establish the breadth of its territorial sea up to 12 nautical miles measured from its baseline. This rule applies to Huangyan Island as part of China's Zhongsha Islands, over which China claims indisputable sovereignty.

Chinese astronomer Guo Shoujing, conducted a survey of the seas around China in 1279 for the emperor Kublai Khan, and Huangyan Island was chosen as a point for surveying the South China Sea, which proves that Huangyan Island had been discovered by the Chinese at least by the Yuan Dynasty (1271–1368).

The island and its surrounding waters have been traditional fisheries for

Chinese fishermen since ancient times, and scientists from the South China Sea Institute of Oceanology under the Chinese Academy of Sciences have conducted field surveys on the island in 1977 and 1978. China installed a stone marker reading "South China Sea Scientific Expedition" on the island in 1980, but it was illegally removed by the Philippines in 1997, when it began to challenge China's ownership of the island.

Besides historical evidence, China bases its claim on legal grounds. Conforming to the United Nations Convention on the Law of the Sea, Article 2 of China's Law on the Territorial Sea and the Contiguous Zone stipulates that China's territorial land includes the mainland and its offshore islands, including Taiwan and various affiliated islands such as the Diaoyu Islands.

Huangyan Island, as part of China's Zhongsha Islands, is an inalienable part of Chinese territory. The island is geographically different from the Philippines archipelago, and the 5400-meter-deep Manila Trench is located in between, serving as a natural boundary separating Zhongsha Islands from the archipelago. Meanwhile, as stipulated by Article 3 and Article 33 of the Convention on the Law of the Sea, China can establish a breadth of territorial sea of 12 nautical miles and contiguous zone of 24 nautical miles measured from the baseline from which the territorial sea is measured, making China's jurisdiction over the waters off Huangyan Island indisputable.

The Philippines' claim is groundless. International treaties, such as the 1898 Treaty of Paris and the 1900 Treaty of Washington, set the western limit of Philippine territory at 118 degrees east longitude. Huangyan Island, with coordinates 117 degrees and 44 minutes to 117 degrees and 48 minutes east longitude, is obviously outside the limit.

Philippine laws and regulations, including the 1935 constitution and the 1961 Republic Act No. 3046, confirm the limit set by the aforementioned international treaties. Philippine maps published in 1981 and 1984 also show that Huangyan Island is not the country's territory.

Despite this, the Philippines still has the audacity to claim sovereignty over the island, quibbling that the island is located within its claimed exclusive economic zone, and it has even declared its intention to unilaterally bring the dispute to the International Tribunal for the Law of the Sea.

Such antics simply make the Philippines the laughingstock of the international community, as in accordance with the principle of international laws, no arbitration organization should deal with a dispute without the parties concerned agreeing.

Furthermore, it is impossible for the International Tribunal for the Law of the Sea to resolve the dispute over Huangyan Island, because neither China nor the Philippines has accepted the jurisdiction of the court without reservations.

China made a statutory declaration in 2006 to the UN secretary-general that it does not accept any international court or arbitration in disputes over maritime delimitation, territorial disputes and military activities. That is to say, in respect of maritime disputes related to the country's core interests, China insists on resolving the issues by negotiating directly with the parties concerned.

But unless the parties concerned stop complicating the issues by acting unilaterally and inviting external intervention to defend their claimed interests in the South China Sea, standoffs in disputed waters, such as the one near

Huangyan Island are likely to happen again.

To deter such provocation in the future, China should forcibly chase the Philippine vessel out of China's territorial waters and thereafter normalize China's jurisdiction over Huangyan Island and its surrounding waters.

本文原刊于《中国日报》2012年5月16日，第9版

"黄岩岛事件"的国际法分析

南海发生诸如黄岩岛周边海域船只对峙事件是必然的,这是因为美国战略向亚太转移,需要有一个切入点,而海洋问题是美国在亚太战略布局的重要领域。也就是说,中美在制海权上的竞争和对立是结构性的矛盾,是长期的。这将使南海问题无法回避国际化或区域化的发展趋势。而菲律宾尝试将问题国际化,进而向中国施压的措施,实际上因为违背国际惯例,其意图显得既无道理也无可能实现。

在中菲黄岩岛船只对峙事件中,笔者认为,主要包括以下几个法律问题。

海上执法是维护国家领土主权和对海域实施管辖的重要手段,《联合国海洋法公约》将海域分为内水、领海、毗连区、群岛水域、专属经济区和公海等。由于它们的法律地位与属性不同,沿岸国或沿海国在执法活动时应遵守不同的规范,目的是对所管辖的海域实施管理,以体现国家的主权、主权权利和管辖权。

溯历史法律　菲国依据弱

依据《联合国海洋法公约》的规定,黄岩岛周边的12海里内是中国的领海,其24海里内是中国的毗连区。在这些海域,中国应维护领

土主权、主权权利及管辖权,且这些权利不容挑战。中国对黄岩岛的领土主权依据,主要体现在以下方面:

第一,中国最早发现并使用黄岩岛。中国发现和使用黄岩岛并将其标绘在地图上,始于元朝的1279年,而且黄岩岛也是中国大陆和台湾地区渔民的传统渔场。元代著名天文学家郭守敬将黄岩岛(原名为中沙岛,1983年改名为黄岩岛)作为调查南海的测量点。20世纪70年代后期,中国在黄岩岛及其周边海域实施了科学探险活动;1980年,中国在黄岩岛设立了写有"南海科学探险"名称的石碑。此石碑于1997年被菲律宾非法地拆除。

第二,有关国际条约将黄岩岛排除在菲律宾领土以外。例如,1898年的《美西巴黎条约》、1900年的《美西华盛顿条约》、1930年的《英美条约》,均规定东经118度为菲律宾领土的西部边界,而黄岩岛在其外面。

第三,菲律宾国内法也否认黄岩岛为该国的领土。1935年的菲律宾《宪法》、1961年的《领海基线法》以及其他公开文件中,菲律宾政府都承认了上述三个国际条约规定的界线,在1981年、1984年出版的地图中,也明确地将黄岩岛排除在菲律宾的界线以外。菲律宾只是在1997年后才主张对黄岩岛所谓的"主权"的。

《联合国海洋法公约》于1994年生效后,可主张200海里的专属经济区,且沿海国的200海里以外的大陆架的设定,需沿海国向大陆架界限委员会提交附带测地学、地质学等方面资料的划界案后,经委员会审议并建议后,沿海国在其建议的基础上划定的大陆架界限才有确定性和拘束力。为此,菲律宾为试图获取更多的海洋权益包括海域及大陆架的利益,才加强了对黄岩岛霸占的非法行为或活动。

第四,黄岩岛与菲律宾群岛在地质构造上不是一个完整的地理单元,两者之间存在最大深度为约5400米的马尼拉海沟,此海沟构成了中沙群岛与菲律宾群岛的自然地理分界。属于中沙群岛组成部分的黄岩岛,是中国的领土。

中国《领海及毗连区法》第3条和第4条规定:中国领海的宽度从领海基线量起为12海里;毗连区为领海以外邻接领海的一带海域,毗连区的宽度为12海里,即毗连区的外部界限为一条其每一点与领海基线的最近点距离等于24海里的线。依据领海制度和毗连区制度,中国对黄岩岛及其周边海域拥有管辖权。

菲律宾政府将黄岩岛问题提交国际司法或仲裁的要求,目的是使其国际化和复杂化,但这种言行不仅非法,而且无效。如果将属于他国的领土提交国际司法或仲裁,将带来国际秩序的混乱,也违反国际法及区域性相关制度。

强行国际化　向中国施压

根据国际法的原则,如果相关国家之间没有缔结将争议提交仲裁的协议,则仲裁机构无法裁决相关争议。所以,黄岩岛问题实际上根本无法提交仲裁机构。国际法院和国际海洋法法庭也无法处理黄岩岛问题。

菲律宾于1972年1月18日作出了接受国际法院管辖的声明,但对海洋管辖权和对陆地领土有关的争端作了保留,换言之,菲律宾针对与海洋管辖权和陆地领土有关的争端,不接受国际法院的管辖。而中国迄今没有就《国际法院规约》第36条作出选择性声明。也就是说,在南沙岛礁领土争议问题上,利用《国际法院规约》第36条规定由国际法院管辖判决南沙岛礁领土争议问题存在很大的困难。

除非出现两种情况:(1)菲律宾撤销保留;(2)中国作出选择性声

明，或在菲律宾提出相关争议后应诉，也就是接受诉讼。但由于黄岩岛是中国的领土，中国政府不可能接受诉讼。所以，利用国际法院处理无争议的中沙群岛内的黄岩岛领土问题，只是菲律宾对中国加压的妄论。

至于国际海洋法法庭也无可能，这是因为，中国在2006年8月25日根据《联合国海洋法公约》第298条的规定，向联合国秘书长提交的书面声明中指出，对于该公约规定的涉及海洋划界、领土争端、军事活动等争端，中国政府不接受《联合国海洋法公约》第十五部分第二节规定的任何国际司法或仲裁管辖。也就是说，中国对于涉及国家重大利益的海洋争端，排除了适用国际司法或仲裁解决的可能性，坚持有关国家通过协商谈判解决的立场或政策。

弃独行独断　重回谈判桌

最后，《联合国宪章》第2条第4款规定，联合国各会员国不得侵害任何会员国或国家之领土完整。以《联合国宪章》为原则的中国和东盟2002年《南海各方行为宣言》第5条规定："各方承诺保持自我克制，不采取使争议复杂化、扩大化和影响和平与稳定的行动，包括不在现无人居住的岛、礁、滩、沙或其他自然构造上采取居住的行动，并以建设性的方式处理它们的分歧。"菲律宾的做法显然不符合《宣言》精神。

可见，菲律宾单方面提出的将黄岩岛领土问题提交国际司法或仲裁是无理的，是中国政府根本不可能接受的，应遭到强有力的谴责。而通过对话和协商谈判才是合理的解决方法。

本文原刊于香港《信报》2012年6月2日，第A17版

"黄岩岛事件"不能成为坏榜样

此次中菲黄岩岛船只对峙事件具有持续时间长、性质恶劣、趋于区域化和国际化等重要特质,所以中国不能等闲视之,必须尽快向利于中方的方向妥善解决,向国际社会宣示中国保卫主权和领土完整的决心,使其成为中国处理南海问题争议的良例。

一、"黄岩岛事件"较以前性质恶劣

众所周知,迄今,菲律宾非法地侵占了我国在南海的岛礁达8个之多。而从1993年起,菲律宾就开始利用其渔政船和军舰在南沙海域驱逐和骚扰中国渔民。1995年,菲律宾军舰拖走在南沙捕鱼的4条海南潭门渔船,抓捕62位渔民。这些举动严重地损害了我国的主权和海洋权益,造成了非常恶劣的影响。不过在"黄岩岛事件"之前,虽发生过多起摩擦事件,但在中国政府发出强烈抗议后,菲律宾均能有所收敛,比较快速合理地加以处理。

"黄岩岛事件"的恶劣性在于直接、正面地挑战中国的主权和领土完整。在中国对黄岩岛行使主权明确无疑的情形下依然"上窜下跳"、一再做出小动作,屡屡试探中国捍卫和保卫国家主权和领土完整的战略决心,试图挑战中国致力于和平解决南海问题的耐心。

事实上，有大量的历史事实和法理依据充分地证明，黄岩岛是中国领土的一部分。我国对黄岩岛的领土主权依据，主要体现在以下方面：

第一，中国最早发现并使用黄岩岛。中国发现和使用黄岩岛并将其标绘在地图上始于元朝的1279年，黄岩岛一直以来也是中国大陆和台湾地区渔民的传统渔场。20世纪70年代后期，中国在黄岩岛及其周边海域实施了科学调查活动；1980年，中国在黄岩岛设立了写有"南海科学调查"名称的石碑，但此石碑于1997年被菲律宾非法拆除。

第二，有关国际条约将黄岩岛排除在菲律宾领土以外。例如，1898年的《美西巴黎条约》、1900年的《美西华盛顿条约》、1930年的《英美条约》，均规定东经118度为菲律宾领土的西部边界，而黄岩岛在其外面。

第三，菲律宾国内法也否认黄岩岛为其本国的领土。在1935年的菲律宾《宪法》、1961年的《领海基线法》以及其他公开的文件中，菲律宾政府都承认了上述三个国际条约规定的界线；在菲方1981年、1984年出版的地图中，也明确地将黄岩岛排除在菲律宾的界线以外。菲律宾只是在1997年后，才正式主张对黄岩岛所谓的"主权"。

第四，我国《领海及毗连区法》(1992年)第2条规定，中国的陆地领土包括中国大陆及其沿海岛屿、台湾及其包括钓鱼岛在内的附属岛屿、澎湖列岛、东沙群岛、西沙群岛、中沙群岛、南沙群岛以及其他一切属于中国的岛屿。

此外，位于中沙群岛的黄岩岛与菲律宾群岛在地质构造上不是一个完整的地理单元，两者之间存在最大深度为约5400米的马尼拉海沟，此海沟构成了中沙群岛与菲律宾群岛的自然地理分界。

上述论据表明属于中沙群岛组成部分的黄岩岛是中国不可分割的领土，该事件如不得到妥善解决将严重损害我国主权、领土完整和海洋权益。

二、"黄岩岛事件"呈现出区域化、国际化趋势

"黄岩岛事件"发生后,菲律宾极力使事件区域化、国际化。其所采取的手段包括呼吁东盟国家支持、向盟国美国寻求庇护、试图借助国际法庭向国际舆论倾诉自己的主张,等等。实质都是希望获得国际社会的"同情",造成大国欺凌小国的假象,使事件区域化和国际化,造成对中国的国际压力。

应该说,黄岩岛船只对峙事件发生有一定的必然性,走向区域化和国际化也受到某些国家的刻意引导。其中的关节点自然是美国。

近年来,美国战略重心向亚太转移,需要切入点,而海洋问题是美国在亚太予以战略布局和谋划的重要领域,所以,就出现了美国强化与其在亚太地区的同盟国、非同盟国以及其他国家之间联系的趋势,这种联系主要体现在联合军事演习和出售武器及提供装备等方面。换言之,随世界经济重心的转移、美国亚太战略的调整和部署,在亚太地区出现了经济和政治、军事分离的二元权力结构,出现了中美之间的对立,这种对立特别体现在制海权上。也就是说,中美在制海权上的竞争和对立是结构性矛盾,这种矛盾将是长期的。这将使南海问题无法回避国际化或区域化的发展趋势。此次"黄岩岛事件"走向国际化就是这种趋势的一种重要表象。

在美国战略东移的背景下,东盟一些在南海与中国有争议的国家趁机要求美国协助它们保卫所谓的"南海权益",以攫取更多的海洋资源及利益。此次"黄岩岛事件"中,这些国家虽然没有明确表态,但因为与菲律宾有共同的利益诉求,都在密切关注局势发展,甚至私下联络,

以谋划自身权益实现。

在此种南海海洋纠纷趋于常态化、长期化的严峻形势下,我们应该更加明确"黄岩岛事件"在南海问题解决中的重要地位。"黄岩岛事件"不是个案、孤例,它的解决有强烈的示范效应,千万不能成为今后我国解决南海问题中的"恶例"。

三、我国应加速解决"黄岩岛事件"

中国应以此为契机,合理、合法和有节地处理本次"黄岩岛事件"。采取的手段包括进一步强化对黄岩岛的管理,如实际占有和控制岛礁、实施常态化巡航制度;并可根据事态的发展状况适度调整对菲政策,包括调整经济制裁力度、控制旅游规模和期限、减少投资等措施,让菲律宾遭受真正的损失,尽快改正其错误做法,使"黄岩岛事件"的解决朝有利于中国的方向发展。

应注意的是,即使菲律宾政府同意与我国通过外交方法就"黄岩岛事件"进行磋商和谈判,可能只是缓兵之计。在解决南海领土问题上,我国要用足和平方法,但在明确认识到无法通过政治方法或外交方法彻底解决的境况下,可利用自卫权。也就是说,如果我国通过政治方法无法最终解决黄岩岛争议时,面对他国持续的无理挑衅严重损害我国主权和领土完整、海洋权益时,我国应毫不客气地使用军事力量维护国家利益。

黄岩岛船只对峙事件的突显和处置严重暴露了我国的海洋战略和体制机制问题。换言之,我国缺乏明确的国家海洋战略,包括目标、任务、方法和手段等,也没有一个统一领导海洋事务的管理机构,以统领和管控海洋问题。为此,我国应以此事件为契机,加快制定和实施《国民经济和社会发展第十二个五年规划纲要》内明确规定的国家海洋发展战略进程。同时，黄岩岛船只对峙事件也暴露了我国相关法制建设滞后的缺陷，为此，我国应尽早公布南海包括中沙群岛、东沙群岛和南沙群岛在内的领海基线(坐标)，重申南海岛礁名称，确立行政管辖范围，并强化对南海诸岛的管理，尤应加大资源开发力度。

总之，我们不能忽视"黄岩岛事件"的影响力和示范性，必须利用综合性的力量尽快强力解决这次对峙事件，包括实际控制黄岩岛及其周边海域，确保我国渔民在其周边的正常捕鱼活动，强化行政执法的常态化，必要时利用军舰驱赶菲律宾舰船，以避免该事件成为我国处理南海问题的"恶例"。

本文原刊于《社会观察》2012年第6期
全文转载于《红旗文摘》2012年第4期

Manila All at Sea Over Islands

On April 26, the Chinese Foreign Ministry accused the Philippines of trying to legalize its occupation of disputed islands in the South China Sea. Foreign Ministry spokeswoman Hua Chunying said China would never agree to international arbitration on the disputed islands, which the Philippines has been seeking.

Earlier this year, the Philippine government called for international arbitration in the South China Sea dispute and notified China of its move. And in late March, the president of the International Tribunal for the Law of the Sea even appointed an arbiter for arbitral proceedings after Beijing "failed to designate its representative within the 60-day deadline".

The South China Sea dispute centers mainly on two aspects: conflicting sovereignty claims over Nansha Islands and maritime delimitation. In both cases, the disputing countries should resolve the issue through peaceful means. By initiating arbitration on the validity of China's claims, the Philippines has actually exposed its lack of legal knowledge and violated the consensus reached on the Declaration on the Conduct of Parties in the South China Sea.

The Philippines has called for arbitration in the dispute by invoking the United Nations Convention on the Law of the Sea, but this does not justify its move. According to Article 286 of the UNCLOS, any dispute on the interpretation or application of the convention, in which no settlement has been reached through negotiation or other peaceful means, should be submitted by a party to the dispute to a court or tribunal having jurisdiction over the matter.

Therefore, a party to a dispute can invoke the article on the premise that no negotiated settlement has been reached. But by submitting the dispute to the arbitral tribunal that has not yet been fully established, Manila has unilaterally terminated the negotiation procedure and thus should be responsible for the consequences that follow.

Manila's unilateral move has also violated the consensus reached on the Declaration on the Conduct of Parties in the South China Sea with Beijing. According to Article 7 of the declaration, "the parties concerned should stand ready to continue their consultations and dialogues concerning relevant issues, through modalities to be agreed by them". Obviously, taking the dispute to the UN is not a modality agreed by the two sides. Since the Philippines has violated the consensus, parties in the South China Sea should henceforth prevent it from participating in the process to develop legally binding documents.

Moreover, the Philippines took the dispute to the Arbitral tribunal to challenge the validity of China's nine-dotted line (demarcation line of China's claim in the South China Sea) to justify Manila's sovereignty claims and maritime interests in the resource-rich waters. By doing so, the Philippines has rested its hope on a wrong party because the arbitral tribunal has no jurisdiction over the dispute.

Article 286 of the UNCLOS stipulates that a dispute submitted to a court or tribunal has to be concerned with the interpretation or application of the convention. However, the legitimacy of China's nine-dotted line is not determined by the convention. Instead, it is based on inter-temporal law, which means a juridical fact must be appreciated in the light of the law contemporary with it. China's nine-dotted line was established long before the UNCLOS took effect and thus the UN tribunal cannot arbitrate its legitimacy.

The tribunal has no jurisdiction over the territorial dispute over the Nansha Islands either. According to Article 288 of the UNCLOS, a court or tribunal shall have jurisdiction over any dispute concerning the interpretation or application of an international agreement related to the purposes of the Convention. In other words, the tribunal will have no jurisdiction over territorial disputes which are not matters concerning the interpretation or application of the UNCLOS.

In fact, China submitted a formal statement to the UN in 2006, clarifying that it does not accept any of the procedures provided in Section 2 of Part XV of the convention with respect to all the categories of disputes referred to in paragraph 1 (a) (b) (c) of Article 298 of the convention. In this context, it means the tribunal will have no jurisdiction over maritime delimitations either.

The Philippines has committed a mistake by initiating UNCLOS arbitration proceedings against China. Despite China's consistent rejection of international arbitration, an arbitration tribunal was set up, which, however, will have no jurisdiction over the dispute.

To settle the South China Sea issue, the disputing parties should resort to the general international law instead of the UNCLOS. After all, the purpose of establishing the convention, with due regard for the sovereignty of all states, is to establish a legal order for the seas and oceans, but matters not regulated by the convention should be governed by the rules and principles of general international law.

Peaceful settlement, especially through political means, remains the most effective and feasible resolution to the South China Sea dispute. The Philippines must show sincerity and return to the normal track of negotiation to safeguard regional peace and stability.

本文原刊于《中国日报》2013年5月3日，第9版

菲提南海争议仲裁不合理

近期，菲律宾政府无视中国政府的强烈反对，擅自将南海争议提交国际仲裁。同时，国际海洋法法庭庭长还在中国反对仲裁或不接受仲裁的情形下，指定了中国方面的仲裁员。南海问题似乎出现了"司法化"的倾向和发展趋势。对此，中国外交部指出，菲方提交仲裁的有关照会及通知不仅违反了中国与东盟各国间的《南海各方行为宣言》达成的共识，而且在事实上和法律上也存在严重错误，还包含了许多对中方的不实指责，中国已明确表示对该照会及所附通知不予接受并将其退回。换言之，中方认为，菲方单方面将南海争议提交仲裁是中方不可接受的，也是违法的行为。

所谓的南海争议，主要包括南沙岛礁领土争议及海域划界争议两种类型。它们之间既有联系又有区别。前者为南海问题的主要争议，后者为南海问题的次要争议。因为陆地支配海洋是国际法的重要原则，换言之，在南海问题上，只有确定了岛礁领土归属问题，才能对重叠的争议海域予以划界。对于相关国家之间的海洋问题争议，和平解决是国家必须遵循的原则和方法。那么，菲律宾依据所谓的《联合国海洋法公约》第286条的规定，单方面地将南海争议提交仲裁的做法，是否合理呢？

第一，菲律宾将南海争议提交仲裁，是否意味着中菲两国针对南海争议无法利用双边对话方式解决的程序已经结束？因为适用《联合国海洋法公约》第286条提交仲裁的前提是，利用双边对话的程序已经结束或用尽，且仍未得到解决。如果菲方认为与中方的双边对话谈判包括交换意见已经结束，认定中菲南海争议无法解决的话，则其可以提交仲裁。但由此带来的损害应由菲方承担，包括使用非和平的方法解决争议，因为其单方认定双边对话谈判已结束。同时，菲方将南海争议提交仲裁的行为或做法，也违反了《南海各方行为宣言》达成的共识。因为《南海各方行为宣言》第7条规定，有关各方愿通过各方同意的模式，就有关问题继续进行磋商和对话，包括对遵守本宣言问题举行定期磋商，以增进睦邻友好关系和提高透明度，创造和谐、相互理解与合作，推动以和平方式解决彼此间争议。为此，今后相关国家在讨论诸如制定《南海行为准则》等具有法律拘束力的文件时，也可排除菲方参加，因为菲方行为违反了《南海各方行为宣言》规范的共识。

第二，菲律宾将南海争议提交仲裁，仲裁法庭是否具有管辖权呢？依据《联合国海洋法公约》第286条的规定，单方向具有管辖权的国际法院或国际海洋法法庭提交的争议问题必须是有关本公约的解释或适用的任何争端。那么，南海争议是否属于《联合国海洋法公约》的解释或适用的争端呢？菲方将南海争议提交仲裁的主要目的是希望仲裁法庭宣布中国在南海划出的断续线为"非法"，违反《联合国海洋法公约》的制度性规范，以获取菲方在南海的"主权"及"海洋权益"，试图为其开发菲方西部海底石油和天然气资源排除"障碍"。问题是仲裁法庭无法适用《联合国海洋法公约》的制度和原则裁决中国南海断续线的法律地位问题，其不属于有关《公约》的解释或适用的任何争端。因为，国际社会存在时际法的理论。所谓的时际法概念，是指权利的创设必须依照与之同时的法律来判定；权利的存续必须依照涉及该权利存在的关键日期的法律予以确定。时际法概念体现了"法律不溯及既往"的原则。联系中国南海断续线的产生日期及背景，根本无法适用《联合国海洋法公约》确定其法律地位问题。换言之，仲裁法庭无法就南海断续线法律地位问题予以审理。此外，仲裁法庭也无法审理诸如南沙岛礁领土争议那样的问题，除非有关国家缔结国际协定赋予国际海洋法法庭管辖权。因为，《联合国海洋法公约》第288条第2款规定，国际法院或国际海洋法法庭，对于按照本公约的目的有关的国际协定向其提出有关该协定的解释或适用的争端，也应具有管辖权。换言之，如果相关国家间无法缔结解决争端的国际协定，则它们就没有管辖权。况且，中国已于2006年8月25日向联合国秘书长提交了针对海洋划界、领土争端、军事活动争端等不接受任何国际司法或仲裁管辖的书面声明，所以，也不应适用《联合国海洋法公约》第297条第3款规定的争端的仲裁程序。事实上，对于诸如南沙岛礁领土争议问题，应依据国际法领土取得理论确定其归属，而不是适用《联合国海洋法公约》的条款内容。因为《联合国海洋法公约》前言指出，本公约的目的是，在妥为顾及所有国家主权的情形下，为海洋建立一种法律秩序；其又指出，对于本公约未予规定的事项，应继续以一般国际法的规则和原则为准据。实际上，对于南海的海域划界问题，才可适用《联合国海洋法公约》的制度性规范。

可见，菲方将南海争议提交仲裁的行为是错误的，也始终不会被中方所接受。同时，所谓仲裁法庭对此也无管辖权。现今仲裁法庭审理南海争议做法的主要目的是，企图在国际社会营造不利于中国的舆论氛围，试图造成中国挑战国际规则的假象，对此，我们必须有清新的认识。总之，在目前的境况下，依据和平方法特别是通过政治方法，是解决相关国家间南海争议的有效而可行的方法，必须坚持。为此，相关国家必须体现诚意、回到政治方法解决的轨道上来并展开协商谈判，以合理解决南海争议问题，共享资源利益，确保区域的和平及安全。

本文原刊于香港《信报》2013年5月11日，第A19版

从国际法看菲律宾枪击台渔船事件

考虑到台湾地区不是《联合国海洋法公约》的成员方,也鉴于台湾地区的特殊地位,所以,台菲之间的此次渔船事件将主要通过对话协商合作处理的方法予以解决。

2013年5月9日上午,台湾屏东县琉球籍"广大兴28"号渔船,在台湾屏东县鹅鼻东南方约166海里处(北纬20度,东经123度),遭菲律宾公务船(海岸警卫队)开枪扫射,致使船员洪石成身亡,渔船严重受损。鉴于菲律宾毫无认错和诚意处理此事件的立场和态度,台湾地区分两次启动了11项制裁措施,并将根据事态的发展,保留采取进一步制裁措施的权利,目的是让菲律宾就此事件正式道歉,严惩肇事者,并赔偿损失,以及保证今后不再发生类似事件。在这次事件中,笔者认为,特别应厘清以下几个问题,主要为:

第一,执法的主体问题,即菲律宾公务船是否可在此海域代表政府强力执法的问题。从菲律宾公务船扫射台湾地区渔船的海域位置来看,它处在中国台湾地区和菲律宾各自主张的200海里专属经济区的重叠区域或争议海域。而在争议海域的执法活动,必须兼顾对方的关切和主张,特别需要与对方的职能机构进行沟通和协调。原则上,菲律宾在争议海域采取的措施,应得到对方的理解和同意。所以,菲律宾公务船即使由政府授权对该海域实施管辖，也不能采取强力(武力)的措施，而应采取和平的手段和规范的程序驱离他方的渔船，以"守卫"自己的"海洋权益"。

第二，执法的程序问题，即菲律宾公务船的处理行为是否合法的问题。依据《联合国海洋法公约》相关制度，菲律宾公务船的执法行为应符合以下程序。首先，应告知对方所在的位置已进入他国主张的专属经济区范围，要求对方迅速离开；其次，在对方船只不离开的情形下，应发出明确的信息，包括喊话、显示文字等，即需要在对方船只视听所及的距离内发出视觉或听觉的信息后，才可开始驱离；最后，如果对方船只仍未听从指令，则可发射信号弹，甚至使用武力射击船只尤其是发动机等，迫使其停止。从此事件的调查情况来看，菲律宾公务船扫射我台湾渔船的行为并未遵守上述程序，因而是违法的行为。当然，执行管辖任务的菲律宾公务船必须清楚地标志政府正式授权的可以识别的标记。

第三，执法过当问题，即菲律宾公务船的执法行为是否过当的问题。从此次事件的实际情况看，台湾地区渔船并未有冲撞菲律宾公务船的动向和行为，也没有携带任何武器，所以，不存在台湾地区渔船威胁菲律宾公务船的安全问题。为此，菲律宾公务船直接使用扫射的做法显然属于力量使用过分，不存在其所谓的"自我防卫"现象，是一种严重的使用武力过当的行为，必须承担相应的责任，包括正式道歉和赔偿损害等。

从这次菲律宾公务船扫射台湾地区渔船事件可以看出，在专属经济区内的渔业活动必须得到合理的管制，即双方需强化制度性规范。主要可采取两条途径。第一，中国政府授权台湾地区和菲律宾之间就专属经济区划界问题展开谈判，以缔结专属经济区划界协议，确定具体的界限。第二，在未缔结专属经济区划界协议的情形下，作为过渡性的措施或安排，两者可以就专属经济区内的渔业活动进行协商，以确定各自具体的可捕获量，并遵守各自管辖自方渔船的原则，实施互相通报制度，以合理利用专属经济区内的渔业资源，避免冲突事件的再次发生。

考虑到台湾地区不是《联合国海洋法公约》的成员方，也鉴于台湾地区的特殊地位，所以，台菲之间的此次渔船事件将主要通过对话协商、合作处理的方法予以解决。同时，鉴于菲律宾在海洋问题上不断肇事和挑衅的背景，台湾地区应坚决应对和处理此次事件，以震慑其今后的言行和措施。此次事件也特别警示我们，应进一步加强对海上渔业活动的保护措施，以保护渔民的捕鱼权，并确保相关的海洋权益。这次事件，也进一步启示我们，两岸采取措施、加强海洋问题合作进程，也应提上议事日程，以坚定捍卫中华民族的海洋领土主权和海洋权益。

本文原刊于《东方早报》2013年5月20日，第A14版

How to Build a Sea of Peace and Amity

The Special China-ASEAN Foreign Ministers' Meeting, to be held in Beijing on Aug 29 to mark the 10th anniversary of the establishment of the China-ASEAN strategic partnership, will focus mainly on deepening of relations between the two sides.

China and some ASEAN member states have been involved in territorial disputes in the South China Sea. To defuse the tensions, however, Foreign Minister Wang Yi has proposed that the parties work out a Code of Conduct and ensure the success of the Beijing meeting on the key documents related to dispute management .

Wang's proposal has four key elements. First, each party should have a realistic expectation from the talks. He said that it would be neither realistic nor serious to talk about a "quick fix (solution)". Since a COC concerns the interests of all the parties, its formulation will be a process of sophisticated and complex coordination.

Second, to reach a consensus on a COC, the parties should draw inspiration from the Declaration on the Conduct of Parties in the South China Sea (DOC) to push ahead the consultations on a COC. The idea, however, should be to seek a broad consensus to take care of the interests of all parties and ensure that no party imposes its will on others.

Third, China and ASEAN member states should prevent non-regional countries from interfering in their disputes. The interference of external parties has for years thwarted the efforts of China and ASEAN members to give shape to a COC. For instance, a joint working group was founded in 2004 for the implementation of the DOC, followed by eight meetings since 2005. But these efforts have failed to facilitate an agreement on a regional COC because of some irrelevant parties' interference. So China and ASEAN member states should make concerted efforts to build an atmosphere conducive to the formulation of a COC.

Fourth, the two sides should take a step-by-step approach to formulate a COC. The South China Sea disputes are extremely sensitive and cannot be resolved overnight. Therefore, the two sides have to work on a COC within the framework of the DOC and keep in mind that a COC is not intended to replace the DOC.

Wang's four-point proposal is based on international laws. It conforms to the guidelines for the implementation of the DOC that China and ASEAN member states agreed upon in 2011. The proposal is consistent with Beijing's long-held stance that China and ASEAN member states should resolve the maritime disputes step by step.

Besides, the two sides should cooperate in less sensitive fields to build mutual trust. And based on enhanced mutual trust and maritime cooperation in less sensitive fields, the two sides should make further efforts to enact legally binding agreements such as a COC.

Of course, it will take time for the complete resolution of the disputes, but that does not mean the parties cannot seek ways of common development on a mutually beneficial basis. As Wang said, joint development is not only for economic interests, but also to show the rest of the world that the disputing countries are willing to resolve the disputes through peaceful means.

China's approach to the disputes meets the basic requirements for the exploration and exploitation of resources in the South China Sea. On one hand, all the parties have the right to exploit resources in the region, especially through deeper cooperation in less sensitive fields. On the other hand, the parties should make joint efforts to enact legally binding documents like a COC for reasonable exploitation of the marine resources.

This is particularly important because the DOC has some technical problems when it comes to implementation; it cannot help resolve the disputes because of its non-legally binding nature.

A legally binding code can help regulate the activities of the countries in the region and ensure that the marine resources are exploited reasonably. For instance, although maritime cooperation in developing fishery resources is not included in the DOC, China and ASEAN member states can hold discussions to establish a regional cooperation framework for fishery resources management and emergency response. This will not only protect the rights of fishermen, but also prevent further disputes, which in the past have been mostly triggered by incidents involving fishermen.

The formulation of a COC will accelerate the process of building a sound legal regime in the South China Sea for the common interests of all stakeholders. As always, China will strive to make its due contribution to regional peace and stability and realize its goal of evolving into a regional maritime power.

本文原刊于《中国日报》2013年8月28日，第9版

Manila Barking up the Wrong Tree

The Philippines recently submitted a memorandum to the Permanent Court of Arbitration laying claim to China's Meiji Reef and Huangyan Island (or Mischief Reef and Scarborough Shoal as the Philippines calls them) and several other islands that are either submerged features or "rocks" in the South China Sea as defined under Article 121 of the 1982 UN Convention on the Law of the Sea. But that does not mean the Philippines has fulfilled the requirements for initiating an arbitration, nor does it mean the arbitral tribunal has jurisdiction to hear the case.

The Philippines first sent a notification and statement of claim to China in January 2013 to initiate arbitral proceedings and seek a "peaceful and durable resolution to the dispute" under the UN Convention.

According to the provisions of the Convention, state parties shall settle any dispute between them by peaceful means according to the UN Charter, and when a dispute arises, the parties should proceed expeditiously to exchange views on a settlement through negotiations or other peaceful means.

China and the Philippines have been exchanging views on the dispute since the first bilateral consultation on the South China Sea issues in August

1995. Over the years, the two sides have agreed to cooperate "step by step" and resolve bilateral disputes through negotiations.

Manila, however, failed to suitably respond to Beijing's suggestions in March 2010 and January 2012 to establish a Sino-Philippine regular consultation mechanism on maritime issues and resume the bilateral mechanism on trust-building measures. Despite that, Manila has declared in the notification and statement of claim that it fully and in good faith complied with the Convention, and that "despite many bilateral meetings and exchanges of diplomatic correspondence over more than 17 years", "no settlements have been reached on any of these disputed matters".

The so-called 17 years of "fruitless" exchange of views, in fact, has basically remained at the consultation level that has helped improve dialogue but not led to the negotiation stage where the two parties could come up with concrete proposals for a settlement. Therefore, on no ground can Manila jump to the conclusion that "all possibilities of a negotiated settlement have been explored and exhausted".

Article 281 of the Convention says that if state parties have agreed to seek settlement of a dispute through peaceful means of their own choice, the procedures provided for in Part XV of the Convention on the settlement of disputes apply only where no settlement has been reached through such means and the agreement between the parties does not exclude any further procedure.

Both China and the Philippines are parties to the 2002 Declaration on the Conduct of Parties in the South China Sea, based on which the two sides should make efforts to resolve their territorial and jurisdictional disputes through peaceful means (friendly consultations and negotiations) in accordance with universally recognized principles of international law, including the Convention.

Also, the two sides should continue their consultations and dialogues on relevant issues through modalities to be agreed by them, including regular consultations on the observance of the Declaration. Seen in this light, the Philippines has violated the Declaration by moving the Permanent Court of Arbitration without seeking the consent of China.

Since Manila filed an arbitration case against Beijing without having fulfilled the mandatory requirements, the case falls beyond the jurisdiction of the arbitral tribunal. In the notification and statement of claim, the Philippines has listed 13 points, which can be translated into three general requests for the tribunal, to give a ruling on the maritime rights of China and the Philippines in the South China Sea that are established by the provisions of the Convention on territorial sea, contiguous zone, exclusive economic zone and continental shelf; to rule that China's nine-dash line violates the Convention and is invalid; and to adjudicate that China has unlawfully claimed maritime entitlements to the Meiji Reef, Huangyan Island and other islands in the South China Sea.

To determine the maritime rights of China and the Philippines in the South China Sea, it is necessary to first determine the territorial sovereignty over the disputed islands, in accordance with the basic principle of the law of the sea that the land dominates the sea, meaning it is the territorial sovereignty of a coastal state that gives shape to its sovereign rights and jurisdiction over its territorial sea, exclusive economic zone and continental shelf.

Therefore, the core point of the dispute Manila has raised is actually the sovereignty over the disputed islands and demarcation of maritime rights, neither of which falls within the limited jurisdiction of the tribunal. This is because in August 2006, China submitted to the UN a formal statement in accordance with Article 298 of the Convention, clarifying that it does not accept any of the compulsory procedures provided for in Part XV of the Convention with respect to any dispute on territory, maritime delimitation and military activities referred to in Article 298.

Also, according to the same article, any dispute that necessarily involves the concurrent consideration of any unsettled dispute on sovereignty or other rights over continental or insular land territory should not be submitted to conciliation procedure under Annex V of the Convention.

International arbitration cannot resolve the territorial disputes in the South China Sea, including that between Beijing and Manila. They should be resolved through bilateral political and diplomatic channels. The Philippines has simply taken a wrong path in trying to push the arbitration forward.

本文原刊于《中国日报》2014年4月15日，第8版

Hanoi Must Stop Muddying the Waters

Vietnamese vessels have repeatedly disrupted China's drilling activities in the South China Sea ever since Beijing placed its deep-sea oil rig, HD-981, in the waters south of Xisha Islands on May 2. And the deadly anti-China protests across Vietnam amid escalating tensions between Beijing and Hanoi have severely endangered the safety of Chinese nationals and damaged Chinese enterprises' property in Vietnam.

The main dispute between the two neighbors is whether or not China has the right to operate the rig located 17 nautical miles (31.5 kilometers) from Zhongjian Island of China's Xisha Islands and about 150 nautical miles from Vietnam's coast. As the Chinese Ministry of Foreign Affairs said, operations like the latest one carried out within China's contiguous zone, started 10 years ago, and a seismic operation and well site survey were conducted in the waters even in May and June last year.

History shows that Chinese authorities have more than once named and mapped the islands in the South China Sea based on various surveys, especially those in 1935, 1947 and 1983. Based on the U-shaped line, which first appeared in an official map published by China in 1948, the then Chinese government claimed sovereignty and jurisdiction over the islands in the South China Sea. Later, the government of New China retained the previous names of the island groups while supplementing them with a list of geographical names in 1983.

In May 2009, the Chinese Permanent Mission to the United Nations submitted a note to the UN secretary-general, urging the Commission on the Limits of the Continental Shelf not to review either the Malaysia-Vietnam joint submission on the outer limits of the continental shelf beyond 200 nautical miles from the baselines or Vietnam's separate submission on the same issue. While doing so, China reaffirmed its indisputable sovereignty over the islands in the South China Sea and their adjacent waters, and its sovereign rights and jurisdiction over the relevant waters and seabed and subsoil thereof. In fact, this has been Beijing's consistent position for years.

True, according to the provisions for the continental shelf in the UN Convention on the Law of the Sea, Vietnam can claim an exclusive economic zone that extends 200 nautical miles from its baseline. But China issued a statement on May 15, 1996, announcing the geographical coordinates on the base points and straight baselines of the Xisha Islands. From these baselines, China can also measure the breadth of its exclusive economic zone and continental shelf.

Given their dispute over the overlapping exclusive economic zones in the South China Sea, Beijing and Hanoi are obliged to observe the UNCLOS provisions on the delimitation of the exclusive economic zone between states with opposite or adjacent coasts and settle their dispute equitably on the basis of international law.

UNCLOS provisions, however, do not specify how to delimit exclusive economic zones and continental shelves between states with opposite or adjacent coasts. Nevertheless, based on international practice, disputing parties usually resolve their overlapping claims with a median line drawn equidistant from their respective coastlines. Although such a median line between China and Vietnam does not exist, the oil rig Beijing has been operating is 17 nautical miles south of China's Zhongjian Island and about 150 nautical miles from Vietnam's coast-that is, a long way from the median line if it were to be drawn today.

The latest maritime standoff between China and Vietnam has dimmed the prospects of settling the South China Sea disputes through political means. China has for long been advocating that the disputes be resolved through political means, including bilateral dialogue and consultations. Accordingly, Beijing and Hanoi's agreements on the delimitation of the Beibu Bay and cooperation in fishing activities took effect in June 2004. And in March 2005, China, Vietnam and the Philippines signed the Tripartite Agreement for Joint Marine Seismic Undertaking in the Agreement Area in the South China Sea.

Apart from jeopardizing these agreements, the latest standoff has also undermined Beijing's and Hanoi's efforts to maintain stability and expand maritime cooperation in the South China Sea. For instance, China and Vietnam signed a six-point agreement in October 2011 on the basic principles guiding the settlement of maritime issues. In the same month, the two neighbors issued a joint statement reaffirming their political will and determination to settle maritime disputes through negotiations and friendly consultations and to safeguard peace and stability in the South China Sea.

In October 2013, the two sides signed another joint statement on further deepening their comprehensive strategic cooperative partnership in the new period, according to which they were supposed to accelerate cooperation in a wide range of fields, including marine research and protection of marine environment. They agreed not to make any move that could complicate or escalate the disputes and vowed to continue discussions and take efficient measures to prevent the disputes from escalating and to maintain peace and stability in the South China Sea. The latest standoff could compromise these goals.

Despite Vietnam's accusations and attempts to portray itself as a victim, China has the legitimate right to operate its oil rig in the waters near the Xisha Islands, and Hanoi is squarely to blame for the damage caused to Chinese property and operations in Vietnam. To maintain good bilateral relations and implement the measures stated in bilateral political agreements, however, Beijing has to clarify its position through different means and should try to minimize the impact of the standoff to better defend its national maritime rights and interests.

本文原刊于《中国日报》2014年5月21日，第9版

Drilling Is Legal and Legitimate

Despite Japan's attempts at the G7 summit in Brussels on Wednesday and Thursday to get the G7 leaders to blame China for the rising tensions in the East and South China seas, the G7 leaders said in a communiqué they are deeply concerned by the tensions and oppose any unilateral attempt by any party to assert its territorial or maritime claims through the use of intimidation, coercion or force, but without naming any specific country.

The essence of the South China Sea issue is the territorial disputes over some islets and reefs of the Nansha Islands and the Xisha Islands and the resulting disputes over maritime demarcation. The former is the main dispute and the latter secondary. Because of the complexity and sensitivity of the territorial issues involved, no country wants to compromise or make concessions.

The location of China National Offshore Oil Corporation's Haiyang Shiyou 981 drilling platform is 17 nautical miles (31. 5 kilometers) southeast of Zhongjian Island, one of China's Xisha Islands, and about 150 nautical miles from the coastline of Vietnam, it falls indisputably within the contiguous zone of China's Xisha Islands.

In September 1958, Vietnamese Premier Pham Van Dong solemnly stated in a note to Premier Zhou Enlai that Vietnam recognizes and supports the Declaration of the Government of the People's Republic of China on China's territorial sea that the breadth of the territorial sea of China should be 12 nautical miles and that this provision should apply to all territories of China, including the Xisha Islands and the Nansha Islands in the South China Sea. Pham Van Dong's note shows that the Vietnamese government acknowledged China's sovereignty over the Xisha Islands and Nansha Islands. Vietnam's claim to sovereignty of the Xisha Islands today is in violation of the principle of estoppel.

China issued a statement on May 15, 1996, announcing the geographical coordinates on the base points and straight baselines of the Xisha Islands. Therefore, China can claim an exclusive economic zone that extends 200 nautical miles from these baselines. China has indisputable sovereignty over the Xisha islands, and China's drilling operation falls within China's sovereign territory, sovereign rights and jurisdiction and thus is fully legal and legitimate. Vietnam's dangerous actions against China's drilling platform in the contiguous zone of the Xisha Islands must be resolutely opposed.

In response to the provocations of the Vietnamese side, China has continued to exercise restraint for the sake of regional peace and stability and it is willing to solve the South China Sea disputes with the countries directly concerned through bilateral coordination and negotiation on the basis of respecting historical facts and international law. This is an important consensus reached between China and relevant countries, and is also in line with the interests and aspirations of the majority of countries and peoples in this region.

There are both theory and practice in the international community to carry out joint development in disputed waters with the purpose of cooling territorial disputes and enabling the countries concerned to share maritime interests and resources. By proposing to carry out joint development and share maritime resources and interests, China has demonstrated its sincerity in seeking to end the disputes. However, China's good will has not been rewarded or reciprocated. Meanwhile, the involvement of countries outside the region is only making the dispute more difficult to settle.

It is not China but Vietnam that is making trouble and wants to change the status quo.

History shows that Chinese authorities have more than once named and mapped the islands in the South China Sea based on various surveys. Based on the nine-dash line, which first appeared in an official map published by China in 1948, the then Chinese government claimed sovereignty and jurisdiction over the islands in the South China Sea. China's claim was established long before the United Nations Convention on the Law of the Sea took effect. In accordance with the intertemporal law, the nine-dash line should be recognized by the international community.

In May 2009, the Chinese Permanent Mission to the United Nations submitted a note to the UN secretary-general, urging the Commission on the Limits of the Continental Shelf not to review either the Malaysia-Vietnam joint submission on the outer limits of the continental shelf beyond 200 nautical miles from the baselines or Vietnam's separate submission on the same issue. While doing so, China reaffirmed its indisputable sovereignty over the islands in the South China Sea and their adjacent waters, and its sovereign rights and jurisdiction over the relevant waters and seabed and subsoil thereof. In fact, this has been Beijing's consistent position for years.

China's drilling operations in the contiguous zone of the Xisha Islands and construction of facilities in the waters surrounding the Nansha Islands are not actions that "unilaterally change the status quo", but China's sovereign acts, which are legal and legitimate. These routine activities are beyond reproach and must not be disrupted by other countries.

Countries outside the region should respect the facts of these controversial issues and adhere to an objective attitude instead of deliberately stirring up trouble and complicating the regional situation.

本文原刊于《中国日报》2014年6月9日，第11版

Resolve South China Sea Issue First

Maritime disputes are testing the wisdom of the Chinese government and have prompted it to handle its ties with the United States with utmost caution to ensure that China's peaceful development continues uninterrupted.

There is little doubt that the maritime disputes broke out as a result of Washington's "rebalancing" in Asia policy, which is aimed at strengthening the US' strategic presence in the Asia-Pacific region. Aside from being aimed at restructuring the US' cooperation with its Asian allies and balancing the equilibrium between China and the Association of Southeast Asian Nations, the "rebalancing" policy is also intended to help Washington maintain its dominant position in and derive the maximum benefit from Asia's development.

Since the US hasn't met with much success with the Trans-Pacific Partnership, which would have helped it advance its "rebalancing" policy, it has embarked on a mission to strengthen its military presence in the region and blockade China's "first arc of islands". Since Asian countries locked in maritime disputes with China expect to get US support to counterbalance China's peaceful rise, they have taken intransigent measures against China and started what could be called an arms race in the region.

The dispute between Beijing and Washington in China's waters revolves mainly around the safety of navigation. Among the contentious issues are whether or not a country needs the prior approval of the Chinese government to carry out military activities such as air reconnaissance, surveys and joint military drills in its Exclusive Economic Zones. China believes that prior approval is needed, because such activities can have a lasting impact on its overall defense structure.

The US, however, thinks otherwise, saying the regulations on freedom in high seas grants a country the right to conduct military activities in another country's EEZs as long as they do not lead to a conflict.

Despite its insistence on the principle of other countries seeking "prior consent" to conduct military activities in its EEZs, China still guarantees the safety and freedom of navigation in the East and South China seas. But the US believes China's actions have compromised the safety of its ships and it needs to take measures to counter the "threat" China poses to other countries in the region. As a result, the US has built a "ring of encirclement" around China in the sea in a bid to squeeze its space for maritime activities and put it in a disadvantageous position.

The US has launched a "proxy war", with the political and strategic support of some countries against China. In exchange, it has helped these countries expedite their military build-up and deployment and has been supporting them in their maritime disputes with China. In spite of all this, China and the US still have ample space and potential for cooperation on maritime issues, especially non-traditional security cooperation at sea.

China should intensify communications with the US through established bilateral dialogue channels and make it clear that it understands Washington's wish to continue playing a dominant role in Asia. China also needs to make it clear that it does not intend to challenge the US' status in exchange for its respect for Beijing's core interests and concerns.

Given the complicated factors and the US-Japan alliance involved in the settlement of the dispute with Japan over the Diaoyu Islands, China should first try to maintain stability in the East China Sea and focus on how to resolve the disputes with the Philippines and Vietnam in the South China Sea. Since the Philippines has moved the international arbitration tribunal over its dispute with China in the South China Sea, an action that could be emulated by other countries, Beijing should collect sound evidence to be better prepared to deal with the issue even though it is opposed to such a move.

The South China Sea issue will serve as an important indicator of whether China can establish itself as a regional power and realize its goal of becoming a "naval power". Therefore, China should, based on relevant international laws, publish a policy declaration to back its claim that it has "indisputable sovereignty over the South China Sea islands and adjacent waters, and enjoys the rights and jurisdiction over the relevant seabed and subsoil".

本文原刊于《中国日报》2014年6月26日，第9版

中国与海洋问题

从"雪龙"号归来再看南极科考

近日(2009年4月10日),考察船"雪龙"号顺利返航,完成了我国第25次南极科考任务。其主要成就之一,是在南极内陆冰盖的最高点冰穹A地区胜利建成我国首个内陆科考站昆仑站,是我国南极考察工作者多年来锲而不舍持续努力的结果,标志着我国在南极科学研究领域已进入国际极地考察的第一方阵,即成为继美、俄、日、法、意、德等国之后,在南极内陆建站的第七个国家。

昆仑站建成后,我国将有计划、有步骤地对南极内陆地区开展科考,包括开展冰川深冰芯科学钻探计划、冰下山脉钻探、天文和地磁观测、卫星遥感数据接收、人体医学研究和医疗保障等内容。可以预见,南极昆仑站的建成,必将拓展中国南极科考研究的领域和深度,为人类探索南极奥秘作出重大贡献。

南极位于地球的最南端,是地球上的第五大洲,面积约1400万平方公里,是地球上地理位置纬度最高、最为干燥、最为寒冷、风暴最多以及距离人类最为遥远的大陆。由于人员定居困难,南极大陆长期处于未开发的状态。

由于南极区域资源丰富,自20世纪初以来,一些国家相继对南极大陆的一定区域主张了领土所有权。最早提出领土主权要求的是英国,即

1908年，英国主张对南纬50度以南、西经20度到西经80度范围内的各岛和福克兰群岛拥有所有权。此后，新西兰、法国、阿根廷、澳大利亚、挪威、智利各国分别对南极的一定地域主张了所有权。虽然上述国家依据的法律各不相同，有发现、占领、邻接、地理位置、地质连续性、树立纪念牌等，但都由"扇形理论"予以支持。

扇形理论是指在极地附近的领土的海岸线和从领土两端到极地的两条子午线形成的扇形范围内的岛屿以及陆地，即使没有先占，也当然属于邻近国家的领域。该理论最早由加拿大于1907年正式提出，作为加拿大对所有北极岛屿主张权利的基础，即位于两条国界线之间直至北极点的一切土地应当属于邻接这些土地的国家。虽然各国根据扇形理论提出对南极的领土主张权利的要求在确定扇形界限的子午线方面各不相同，但是对于相同的地域产生了有几个国家对其主张主权的情形，从而在国家之间存在主张地域重复的情况。对于扇形理论，美国和苏联等国认为，各国根据扇形理论对南极地域的权利主张在国际法上难以得到承认，其理论不能成为对南极大陆的地域主张权利的法律根据。

为避免各国因南极领土主权问题引发可能的争端和冲突，并为寻求对南极大陆的和平利用，国际社会于1959年12月1日缔结了规范南极区域的《南极条约》(1961年6月23日生效)。我国于1983年6月8日加入《南极条约》，并于同日对我国生效。

《南极条约》的主要内容为：第一，禁止将南极地域进行军事利用。第1条规定，南极应只用于和平目的。即一切具有军事性质的措施均应禁止，但为科学研究或其他和平目的，使用军事人员或军事设备则没有禁止。第二，冻结南极地域的领土主权权利和对领土的要求。第4条规定，缔约任何一方放弃在南极原来所主张的领土主权权利或领土的要求。第三，禁止在南极进行核爆炸(包括以和平利用为目的的核爆炸)。第四，为防止违反条约，承认个别国家在南极进行单方面视察。此规定是害怕由多数国家组成的监视机构，因在代表之间对视察不能达成一致的意见致使实际有效的视察无法进行而作出的。第五，原则上隔年召开协商国会议，以协商交换情报，共同协商有关南极的共同利益问题。但参加协商会议的国家是从《南极条约》的会员国中认定在南极地域设置了科学基地和派遣探险队，并进行了实质性科研活动的国家。我国于1985年10月7日被接纳为《南极条约》的协商国。

另外，为调整和规范南极区域自然资源的开发活动，《南极条约》协商国会议于1988年通过了《南极矿物资源活动规则公约》，规定了矿物资源的普查或探矿、勘探和开发活动的原则。后来，鉴于该《公约》在环境保护方面的规定存在缺陷，受到了广泛的批评，为此协商国会议通过了替换上述公约的《南极条约环境保护议定书》，作为对《南极条约》的补充。此外，为保护南极海洋生物资源，各协商国于1980年5月20日缔结了《南极海洋生物资源保存条约》(1982年4月7日生效)，要求所有国家遵守。可见，对于南极区域的国际法规范已经形成，但对于该区域的矿物资源的开发活动能否按照国际海底和外层空间适用的人类共同继承财产原则展开仍有待观察，这主要取决于《南极条约》体系中协商国的立场和态度，即需要协调领土要求国和非领土要求国之间的利益。

本文原刊于《解放日报》2009年4月11日，第6版

"海洋的世纪"需要"和谐海洋"

2009年11月16日是《联合国海洋法公约》生效15周年纪念日。此刻,特别值得我们就该《公约》的内容和制度框架背后的内涵作一深入思考,回顾其确立以来业已产生的影响,前瞻世界海洋与海权概念的未来走向。

海洋是人类赖以生存和发展的最大空间,是环境的调节器,又是解决气候变化问题的重要依托和保障。海洋资源的丰富性和广袤性,以及海上通道的重要性等,要求我们合理正确地认识、开发、利用和保护海洋及其资源,为全人类造福。所以,21世纪被称为"海洋的世纪"。特别是在进入21世纪后,世界主要发达国家都相继在《联合国海洋法公约》的框架下,制定和完善了国家或区域的海洋战略和海洋法制。以《公约》的生效为起点,可以看出,一直以来对海洋及其资源的开发、利用、管理及保护,已由依靠军事力量为主的武力控制、自由使用,转向综合管理海洋和合作解决海洋问题。

自19世纪末马汉提出由海运、航海、船员和海军等构成海权概念的要素以来,揭示国家兴衰与支配海洋之间的密切关系,通过利用海洋进行贸易而繁荣国家等与"海权"紧密相关的理念,在此后的世界历史潮流中产生了很大的影响。即使在全球化的当下,其合理性依然没有消失。现今，所有国家正在寻求各种途径以强化自身的海洋权益，确保海洋安全，并强调应把与海洋有关的调查和科技力量、资源开发力量、保护环境的管理能力等增加为海权概念的构成要素，以期获取更多的海洋能源资源。这些新变化已体现在多数国家制定的海洋战略和海洋法制中，这也是符合《公约》要求和国际发展趋势的。

众所周知，当前国际社会对开发利用海洋及其资源的期待很大。这不仅因为，海上通道无论过去、现在还是将来依然是繁荣人类社会的重要路径；而且，勘探和采掘已探明的、至今尚埋藏于海底的原油、天然气等重要资源的新技术正在不断地发展。随着北极区域冰层的减少，其在未来被作为航路使用的可能性、埋藏在北极海海底的原油等资源获得开发的可能性都在提升。

但海洋在给人类带来恩惠的同时，又是人类的"危机根源"。一方面，如今国家之间对海域的管辖权及海洋资源取得权的新对立明显化，致使海洋安全环境很不稳定。另一方面，无序开发及污染已加快了人类对海洋生态系统和环境的破坏，助长了气候变化问题。可以预见，当将来在世界范围内出现资源能源不足问题时，针对海洋权益和海洋自由的国家之间的武力争端也将不可避免。为此，在军事和安全保障、资源和环境保护、促进科学技术等方面加强国家之间的合作，比以前更为重要，也更为紧迫。

在这种国际背景下，作为《公约》缔约国，在海军成立60周年之际，我国提出了构建"和谐海洋"的倡议，以共同维护海洋持久和平与安全。应该说，我国提出的构建"和谐海洋"的理念是2005年我国在联合国大会提出"和谐世界"理念在海洋领域的具体化，体现了国际社会对海洋问题的新认识和新要求，也标志着我国对海洋事务管理及海洋法发展的新贡献和新成就。而"和谐海洋"的理念的实现，不仅要求国际社会切实履行并不断完善《公约》和其他海洋相关制度，而且，目前最重要的，是要制定和完善各国国内相关的海洋政策及其法制。

本文原刊于《解放日报》2009年11月18日，第6版

中国海洋经济发展的要义与法制建设

党的十七届五中全会通过的《中共中央关于制定国民经济和社会发展第十二个五年规划的建议》(以下简称《建议》)指出,我国应"发展海洋经济"。具体内容为:坚持陆海统筹,制定和实施海洋发展战略,提高海洋开发、控制、综合管理能力;科学规划海洋经济发展,发展海洋油气、运输、渔业等产业,合理开发利用海洋资源,加强渔港建设,保护海岛、海岸带和海洋生态环境;保障海上通道安全,维护我国海洋权益。《建议》还指出,我国应鼓励海水淡化,发展空间海洋领域技术等。显然,充分认识海洋经济发展的要义,对于"十二五"发展意义重大。

一、海洋经济发展的基本特点

从《建议》中"发展海洋经济"的内容可以看出,海洋经济发展主要有以下几方面的特点:

第一,海洋经济发展政策具有连贯性。实际上,中共中央早在十六大报告(2002年)中就提出了"实施海洋开发"的任务;国务院在2004年的《政府工作报告》中提出了"应重视海洋资源开发与保护"的政策;在《十一五规划纲要》(2006年)中提出我国应"促进海洋经济发展";

在2009年的《政府工作报告》中又强调了"合理开发利用海洋资源"。

海洋开发或发展战略,对于确保我国社会经济发展所需能源资源供应,改变我国长期以来"重视陆地开发、轻视海洋开发"的意识,维护我国海洋权益,具有十分重大的意义。国务院曾于2008年2月7日批准《国家海洋事业发展规划纲要》,其中指出了我国海洋事业发展规划的目标,这对于促进我国海洋事业的全面、协调、可持续发展,加快建设海洋强国,具有重要的指导意义。由此可见,我国发展海洋事业包括发展海洋经济的政策具有连贯性,必须持续加以坚持和推进。

第二,海洋经济发展政策具有广泛性和保障性。《建议》提到的海洋经济概念是广义概念,涉及多个领域,主要包括海洋及其资源的开发、利用和管理,海洋产业的能力提升,海洋生态环境的维护,对管辖海域的治理,海洋通道安全保障,鼓励海水淡化,发展空间海洋技术,维护国家海洋领土和权益等。而发展海洋事业的关键,是制定和实施国家海洋发展战略。为了实施国家海洋发展战略,重要的一项工作就是制定和完善相关海洋法律制度,以保障我国海洋发展战略的实施,维护我国海洋安全和海洋权益。

第三,发展海洋经济是进一步提升我国经济实力的重要组成部分。众所周知,21世纪被称为"海洋的世纪",海洋成为人类社会发展的最后空间和资源宝库,特别是如何进一步发展海洋经济已成为各国日益重视并加快推进发展的一个重要领域。在这种国际背景下,我国的海洋经济发展当然也不能例外。

同时,海洋经济在我国国内生产总值中的地位与作用也在日益提升,并且有待继续加以大力推进和发展。2007年,我国的海洋生产总值为24939亿元,占当年国内生产总值的比重为10.11%;2008年,我国的海洋生产总值为29662亿元,占国内生产总值的比重为9.87%;2009年,我国的海洋生产总值为31964亿元，占国内生产总值的比重为9.53%。根据《国家海洋事业发展规划纲要》制定的目标，2010年我国的海洋生产总值占国内生产总值的比例要达到11.0%以上。数据表明，近年来我国的海洋生产总值基本上占国内生产总值10%左右的比例，有进一步大力发展的必要性。

第四，发展海洋经济是我国合理处理海洋问题、维护海洋权益的重要路径选择。众所周知，我国在海洋权益的维护上，面临着许多难题，引发了一系列海洋安全问题，并且已影响或威胁到国家的海洋安全。我们知道，海洋安全是指国家的海洋权益不受侵害或不遭遇风险的状态，也被称为海上安全、海上保安。一般可将海上安全分为传统的海上安全和非传统的海上安全。前者主要为海上军事安全、海防安全，其中海上军事入侵是最大的海上军事安全威胁。这类安全问题如今有逐渐减少的趋势。后者主要为海上恐怖主义、海上非法活动(海盗)、海洋自然灾害、海洋污染和海洋生态恶化、海洋测量活动及军事演习等引发的安全问题。相比前者，这类安全问题有日益增加的趋势。通过大力发展海洋经济，包括建立相应的机构和制度，可以促进这些海洋问题的合理解决。

二、中国海洋问题众多的原因与解决路径

可以预见，影响当今与未来中国安全的主要威胁将来自海上。主要理由为：

第一，我国与主要周边国家的陆地勘界工作基本结束，来自陆地的威胁将明显减少。

第二，随着对外开放政策的进一步深化、全球化的进一步深入，我

国开发利用海洋及其资源的频度和力度将不断拓展和深化，来自海洋的问题必然增加，特别是我国海洋经济的发展已经成为国民经济的重要组成部分，并有继续发展之态势；同时，我国进一步依赖海洋及其资源的趋势仍将继续增强。目前，我国进出口货物运输总量约有90%是通过海洋运输的，进口石油的99%、进口铁矿石的95%、进口铜矿石的80%也都是依靠海上运输，因此，需要保护的海上利益众多，相应的海洋问题必增。

第三，我国是一个海洋地理相对不利的国家，与多国存在海域划界和岛屿归属争议问题。如果这些问题不能很好地加以解决，将影响我国的海域安全(包括管辖海域显现的安全和潜在的安全)，特别是海上通道和海上冲突事故将可能经常发生。

第四，我国的经济发展已具备由陆地转向海洋的基础和条件，与此同时，我国海上力量的布局和发展，很容易被他国误读和误判，相应的海洋问题也必然增加。

发展海洋经济需要有良好的环境。我国应积极应对和处理海洋问题，而从国际实践来看，在国际、区域和双边关于海洋问题的制度还未健全或难以修正的情形下，处理和应对海洋问题的有效途径之一，就是制定国家海洋发展战略和完善海洋体制。为了保障上述要求的实现，我国应尽快制定和实施综合管理海洋事务的法律——海洋基本法，其主要应包括以下内容：宣布国家海洋政策，即汇总一直以来我国针对海洋问题的政策，并对外作出解释；设置管理海洋事务的国家机构如国家海洋事务委员会，以统一高效地管理国家海洋事务；公布国家发展海洋的重要领域，包括发展海洋产业和活动，积极开发、利用和管理海洋及其资源，保护海洋环境，确保通道安全，研发海洋技术，加强对管辖海域的管理及调查活动，增强海洋教育和宣传工作以增强国民的海洋意识,强化国际海洋合作,等等。

  总之,经略、规划及管理海洋是我国经济社会发展的重要基础和必然抉择。而发展海洋经济是其中的重要突破口,必须抓紧实施。为了制定海洋经济规划,目前的重要任务之一就是实施国家海洋经济普查活动,以切实把握我国海洋经济发展的优势和劣势,并加强相应的制度建设。

本文原刊于《文汇报》2011年1月5日,第12版

中国分层次解决海洋问题的必由之路

针对我国已面临的海洋问题，我国应根据各种海洋问题的特点和性质采用不同的模式和路径予以解决。

现今和将来我国面临众多的海洋问题。在南海，我国与东盟多个国家之间存在岛屿归属和海域划界争议，在专属经济区内与美国存在关于海洋自由利用(海域及其上空)的不同理解和对立；在东海，我国面临与日本之间存在的东海问题(包括资源开发、划界争议、岛屿归属争议和海上安全冲突)；在公海，面临包括海盗行为在内的海上通道安全问题、因设定外大陆架影响我国在原为公海海域的测量和航行等利益的问题，以及自然和海域灾害等引发环境污染等方面的问题，这些海洋问题将影响海洋安全乃至国家安全，所以我国必须合理处置这些海洋问题。

对于东海海域划界问题，我国应继续与日本举行磋商和谈判，因为缔结最终划界协议是最好的安排。在磋商和谈判中，重点应确定钓鱼岛及其附属岛屿争议问题在东海问题中的地位与作用及相关的制度性安排。即坚持钓鱼岛列屿为我国的固有领土的立场，尽力削弱日本对其的管理和控制，争取在钓鱼岛周边海域实施共同开发。

对于东海资源开发问题，如果日本在钓鱼岛列屿问题上没有丝毫的让步或妥协，则我国可采取不让《东海问题原则共识》政府间换文谈判取得实质性进展的立场,即"谈而不破、谈而无果"的政策。特别是我国需要积极利用春晓油气田的正面作用,包括设置比较高的合作开发门槛,使日本企业无法参与其合作开发活动。

对于与东盟各国之间的岛屿归属和划界争议问题,我国需要与主张存在争议的国家举行磋商和谈判,在谈判中应坚持《南海各方行为宣言》倡导的原则和精神。目前,重要的是,相关国家应通过对话平等协商处理争议问题,并寻求合作的新模式,包括探讨激活先前制定的《在南中国海协议区三方联合海洋地震工作协议》等规范性制度的可能性,制定南海各方行为准则,冻结争议问题以避免事态进一步恶化等。

对于在南海的专属经济区内的航行自由方面的分歧和对立,我国应与美国通过双边会谈或对话机制(例如,中美海上安全磋商机制)协商解决,以寻求理解和合作。重点应表明我国的关切和立场,包括我国欢迎美国在亚太继续发挥作用、我国无意挑战美国的霸权、希望合作维护和治理海洋问题等。

对于在公海的海上通道安全问题,我国应继续力所能及地发挥作用,特别应继续在亚丁湾、索马里附近海域实施参与打击海盗行为的护航活动,并积累经验,使其将来活用于其他海域,为国际社会作出应有的贡献。

对于因自然原因发生的海洋灾害问题,包括海洋环境污染问题,我国也应积极参与,并发挥相应的作用。目的是体现中国海上力量的发展不仅是为了维护自身的利益,也是为了国际社会的整体利益。

对于因设定外大陆架使在原为公海的海域的相关权益受到损害的问题,我国应持续关注大陆架界限委员会的审议进程,重点研究对我国的具体影响,进一步加强我国在东海和南海的大陆架调查工作,尽早提交我国外大陆架划界案,并考虑两岸针对大陆架调查活动的合作问题。

总之，针对我国已面临的海洋问题，我国应根据各种海洋问题的特点和性质采用不同的模式和路径予以解决，重点应遵循或采取以下原则或措施。

第一，坚持利用和平方法解决岛屿归属和海域划界争议问题的原则；第二，在争议区域与相关方探讨共同开发的新模式和维护海上安全的新机制，包括活用先前的制度和创设诸如预防海上安全联络机制、执法联络机制等新制度；第三，发展海上力量，并与他国进行交流和对话，以增进互信和了解，避免误解和误判；第四，有选择地参与国际海洋事务活动，增进对国际海洋事务的了解，承担相应的中国责任；第五，积极宣传我国针对海洋问题的立场与态度，包括创设网站和主办国际研讨会等，加深其他国家对我国的相关政策的理解和认识，同时，进一步研究海洋法的体系和制度，为修改相关制度做理论准备；第六，构筑两岸海洋问题合作的框架和体制，以共同维护中华民族的海洋权益。

本文原刊于《东方早报》2010年8月31日，第A17版

中国应尽快制定实施海洋基本法

我国的《"十二五"规划纲要》第十四章"推进海洋经济发展"指出，我国要坚持陆海统筹，制定和实施海洋发展战略，提高海洋开发、控制、综合管理能力。这为我国合理处理海洋问题，大力发展海洋事业，特别为制定完善我国的海洋发展战略、海洋政策与法律制度，提供了重要的政治保障。

众所周知，我国海洋权益争议众多，这些争议既有历史遗留问题，又有新近出现的问题；同时，海洋问题的争议又具有不同性质，一般无固定解决模式和方法可资借鉴。为了发展海洋经济，需要创造良好的周边环境，因此，我国应积极应对和处理海洋问题争议，维护国家海洋权益。从国际实践看，在国际、区域和双边关于海洋问题的制度还未健全或难以修正完善的情形下，处理和应对海洋问题争议的有效途径之一，就是制定国家海洋发展战略，完善国家海洋体制机制。为此，我国应尽快制定实施综合管理海洋事务的海洋基本法。

概括地讲，我国制定海洋基本法有以下几方面的意义：

第一，补缺和提升"海洋"的地位。全国人大制定海洋基本法可以提升海洋及海洋基本法的法律地位，为"海洋""入宪"创造条件。

第二，完善海洋法律体系。海洋基本法的制定，为进一步完善我国海洋法律体系指明方向，要求我们进一步制定和完善相关领域的法律制度,例如海洋安全法、海洋开发法、海岸带管理法、海洋科技法等,从而推进完善我国海洋法制体系建设。

第三,协调涉海部门职权。海洋基本法的制定,对于进一步协调涉海部门之间的关系,包括理顺职责和功能,弥补缺陷,消除职权重叠和缺失,避免不利竞争,增强执法能力,提高应对处理海洋问题能力和效率等,有很大作用。

第四,带动海洋问题研究热潮。海洋基本法的制定需要一个过程,这一调研、审议和立法过程可吸引一大批人员参与海洋问题研究,也能为解决海洋问题争议提供理论支撑。同时,也可利用此机会设立海洋宣传网站,增设海洋教育和海洋问题研究机构,以及海洋问题研究基金会那样的组织。

我国早在《中国海洋21世纪议程》(1996年)中就提出了应制定诸如海洋基本法的法律目标,即,我国应建立、健全以海洋基本法和综合管理法为主体的、行业法和地方法相互配套的海洋法规体系和监督及时有效、执法高效有力的海洋执法队伍,实现依法治海,保证海洋和沿海经济、社会的可持续发展。

一般来说,我国发展海洋事业的基本路线图是:首先,应明确国家核心利益,制定国家海洋发展战略。对我国来说,核心目标是建设海洋强国;其次,是完善国家海洋战略实施的海洋政策,包括强化海洋理念与意识,加强海洋事务协调,提高海洋及其资源开发、控制和综合管理能力,弘扬海洋传统文化,不断开拓、创新海洋科技,推动海洋事业不断取得新成就;再次,为制定海洋基本法,重点要完善我国的海洋体制机制,包括设立国家海洋事务委员会那样的组织机构;最后,制定海洋基本计划,以修补海洋发展过程的薄弱环节。

我国的海洋基本法应包括以下内容:宣布国家海洋政策,即汇总一直以来我国针对海洋问题的政策,包括"搁置争议、共同开发",构筑和谐海洋理念,并对外作出宣传和解释;设置管理海洋事务的国家机构,以统一高效地协调管理国家海洋事务;公布国家发展海洋的重要领域。具体包括以下方面:推进海洋资源的开发和利用;加强对海洋环境的监测和保护;推进专属经济区和大陆架等资源的开发活动;确保海上运输安全;确保海洋安全;强化海洋调查工作;研发海洋科学技术;振兴海洋产业,加强国际竞争力;强化对沿岸海域的综合管理;拓展海洋新空间、新资源的开发与利用;保护岛屿及其生态;加强国际协调,促进国际合作;增进国民对海洋的理解和认识,培育海洋人才;发展军事力量等。

应该指出的是,海洋基本法是我国针对海洋问题的政策性宣言,对于其他国家进一步理解和认识我国在海洋问题上的立场十分重要。由于我国的海洋政策具有连续性和一贯性,海洋基本法的制定不会对其他国家造成不利影响。同时,由于海洋基本法是政策性宣言,对涉及海洋的部门法和具体法规不会带来冲击,换言之,可以很好地处理海洋基本法与现存其他部门法之间的关系,以维护现存海洋法律体系的完整。

总之,制定海洋基本法,可以通过明确我国的海洋战略、海洋政策或方针以及发展海洋重要领域的措施,确立管理海洋体制的机构,完善我国海洋体制机制建设,并进一步完善我国海洋法制体系。在制定海洋基本法过程中,必须打破涉海部门之间分割的利益诉求,站在中华民族和国家利益的高度进行协调规划,包括在今后出台具体的海洋部门法或公布我国其他领海基线时,协调大陆与台湾地区之间的关系,以求达成共识,逐步改变我国在应对海洋问题上长期以来被动、消极、无全局观的不利局面,争取为合理处理海洋问题争议提供重要指针。

本文原刊于《文汇报》2011年9月26日,第10版

制定基本法律：应对海洋问题的有效选择

随着对外开放的深入和发展，我国逐步具备了经略海洋的经济和科技条件，开发利用海洋资源的力度和频度进一步提升，相应地，需要保护的海洋利益以及因海洋利用而引发的冲突或纠纷也将增加，解决海洋问题的难度也在增大。从海域及海洋权益看，我国面临的最突出的海洋问题为东海问题和南海问题。

东海问题

迄今，国际社会对东海问题仍无明确的界定。即使在中日外交部门于2008年6月18日公布的《中日关于东海问题的原则共识》中也没有明确其内涵。一般认为，东海问题包括岛屿归属争议、海域划界争议、资源开发争议和海上执法争议。其核心是中日关于钓鱼岛及其附属岛屿的主权归属争议。近期，日本政府"国有化"钓鱼岛及其部分附属岛屿，试图显示对其"管理"或"管辖"的行为或措施，以及美国偏袒日本的言行和表态，增加了中日解决钓鱼岛问题的难度。

南海问题

南海问题主要包括南沙岛礁领土争议及海域划界争议。其显现及升级有多种原因。既有历史原因，也有经济社会发展和国际、区域制度的实施及其缺陷的原因，且涉及域外大国关注的所谓"航行自由"及安全方面的"利益"，这些因素使得南海问题十分复杂，解决起来也相当困难。一般认为，南海问题的核心是应确定中国南海断续线(或U形线)的性质及线内水域的法律地位。从中国南海断续线出台及成型的背景和意图看，中国政府公布南海断续线的主要目的是为宣示中国在南海的主权。笔者认为，中国南海断续线的性质应为岛屿归属及资源管辖线。这种断续线的性质具体反映到线内水域的法律地位来看，就是线内水域具有两种类型，并因来源不同而具有不同的性质，且它们并不矛盾，可平行存在。第一类为海洋法制度下的水域；第二类为基于历史性权利下的特殊水域。这两类水域的法律地位完全符合《联合国海洋法公约》的制度性规范和中国的国内法规定。

海洋问题事关中国主权、领土完整，关系中国核心利益的维护和发展，也关系我国和平发展进程及祖国统一大业，所以必须合理有效地处理和解决。从法律角度看，笔者认为，我国应以当前海洋问题突发为契机，重点加强国内法制建设，完善海洋体制机制。而实现此目标的有效途径为，制定国家海洋发展战略和海洋基本法。这是国际社会合理有效应对海洋问题的基本选择，也是多数国家的普遍而成功的实践经验。对此，中国也不例外。

中国海洋发展战略的内容，主要包括以下方面。首先，应明确国家核心利益，制定包括国家海洋发展在内的战略。对于我国来说，核心目标是建设"海洋强国"；其次，完善国家海洋发展战略实施的海洋政策，包括强化海洋理念与意识，加强海洋事务协调，提高海洋及其资源开发、控制和综合管理能力，弘扬海洋传统文化，不断开拓创新海洋科技，拓展对外交流和合作，推动我国海洋事业不断取得新成就；再次，制定海洋基本法，以保障海洋发展战略和海洋政策的推进落实，重点为完善我国的海洋体制与机制，包括设立国家海洋事务委员会等组织机构；最后，制定实施海洋基本法的海洋基本计划，以补正或充实我国海洋事业发展过程中的薄弱环节。

海洋基本法的内容主要为：宣布国家海洋政策，构筑"和谐海洋"理念，并对外宣介；设置管理海洋事务的国家机构，以统一高效地协调管理国家海洋事务；公布国家发展海洋事业的重要领域。这些领域具体包括：推进海洋资源的开发利用；加强对海洋环境的监测和保护；推进专属经济区和大陆架等资源的开发活动；确保海上运输安全；确保海洋安全；强化海洋调查工作；研发海洋科学技术；振兴海洋产业和加强国际竞争力；强化对沿岸海域的综合管理；拓展海洋新空间、新资源的开发与利用活动；保护岛屿及其生态；加强国际协调和促进国际合作；增进国民对海洋的理解和认识，提升国民海洋意识，培育海洋人才等。

制定海洋基本法的原则应遵循包括《联合国海洋法公约》在内的国际法的原则和制度，具体为：协调海洋的开发、利用和保护海洋环境的原则；确保海洋安全原则；提升海洋教育规模和布局原则，增进对海洋的科学认识和理解；促进海洋产业健康有序发展原则；综合协调管理海洋事务的原则；参与协调国际海洋事务原则等。

实际上，我国早在《中国海洋21世纪议程》(1996年)中就提出了应制定诸如海洋基本法的目标。全国人大外事委员会也于2011年7月举行了调研会和论证会，会议认为，应尽快制定海洋基本法。但迄今仍没有启动的任何迹象，估计受到涉海部门利益分割制约。在制定海洋基本法的过程中，应当打破涉海部门之间分割的利益诉求，要站在中华民族的高度进行协调和规划，包括今后出台具体的海洋部门法或公布我国其他领海基线时，积极协调大陆与台湾地区之间的关系，以求配合和达成共识或默契,并逐步改变我国应对海洋问题长期以来的被动、消极、缺乏全局观和整体观等的不利局面。

总之,海洋基本法是我国针对海洋问题的政策性宣言。由于海洋政策特别是发展海洋经济的政策具有连续性和一贯性的特点,是对先前的海洋政策与立场的汇总与提炼,所以并未对其他国家造成不利的影响。同时,由于海洋基本法重点是政策性的宣言,对海洋的部门法和具体法规并未带来冲击和矛盾,相应地,也不会产生大幅度修改和协调的问题。换言之,可以很好地处理海洋基本法与现存其他部门法之间的关系,以维护现存法律体系的完整性,并为确保我国海洋权益提供保障。

本文原刊于《检察日报》2013年2月21日,第3版

中国建设海洋强国的内涵

党的十八大报告指出，我国应"提高海洋资源开发能力，发展海洋经济，保护海洋生态环境，坚决维护国家海洋权益，建设海洋强国"。这是我们党和政府应对海洋问题尤其是新世纪以来针对国际国内海洋情势作出的重大战略部署，也是党和政府针对长期以来海洋问题政策的合理提升和深化，具有重要的现实意义和战略价值。为此，有必要论述建设"海洋强国"的基本内涵及保障制度。

一、中国建设"海洋强国"的地位及步骤

建设"海洋强国"无疑是我国建设中国特色社会主义的重要组成部分，所以，建设"海洋强国"的进程应符合我国建设中国特色社会主义的总依据、总布局和总任务的要求。而根据党的十八大报告内容，中国特色社会主义的总依据是社会主义初级阶段，总布局是"五位一体"，总任务是实现社会主义现代化和中华民族伟大复兴。为此，我国建设"海洋强国"的步骤应是渐进的，具体可分两步走，包括区域性海洋大国或强国和世界性海洋大国或强国。这种分阶段实施的步骤，也符合我国的基本特点尤其是"三不变"的基本特征，即我国仍处于并将长期处于社会主义初级阶段的基本国情没有变、人民日益增长的物质文化需要

同落后的社会生产之间的矛盾这一主要矛盾没有变、我国是世界最大发展中国家的国际地位没有变。

二、中国建设"海洋强国"的布局

党的十八大报告将中国建设"海洋强国"的战略目标置于我国必须全面落实经济建设、政治建设、文化建设、社会建设、生态文明建设的"五位一体"的布局中,具体要求体现在"大力推进生态文明建设"过程中,以优化国土空间开发布局,最重要的是体现了陆海统筹、集约使用、全面规划、协调发展的原则。为此,我国在推进"海洋强国"建设过程中,应全面加强海洋经济建设、海洋政治安全建设、海洋文化建设、海洋管理(或社会)建设等,以保护和改善海洋生态环境,实现美丽中国之目标或理想,实现中华民族的永续发展。

三、中国建设"海洋强国"的内涵及具体指标

从党的十八大报告可以看出,国家推进"海洋强国"建设的具体路径为发展海洋经济,手段和措施是不断提高海洋资源开发能力,这是发展海洋经济的保障,前提是亟需解决我国面临的重大海洋问题(例如南海问题、东海问题),坚决维护国家主权和领土完整及海洋权益,并保障实施海洋及其资源开发的安全环境,从而实现保护海洋生态环境及建设"海洋强国"的分阶段目标。

尽管国际社会并不存在"海洋强国"的具体指标及基本特征,也无统一规范的"海洋强国"定义或概念,但鉴于海洋在我国经济社会发展中的重要性及海洋自身的特点,对照综合规范海洋问题的《联合国

海洋法公约》的原则和制度，结合中国的国情和社会发展趋势，笔者认为，我国建设"海洋强国"的基本指标，主要包括以下方面：海洋经济发达，海洋科技先进，海洋生态环境优美，拥有构建和完善海洋制度及体系的高级人才队伍，先进的管理海洋问题或处理事故的能力，以及强大的海上国防力量。在上述指标中，发展海洋经济是建设"海洋强国"的重要手段和基础；海洋科技是建设"海洋强国"的技术保障，也是增强海洋开发能力的重要支柱；海洋生态环境优美是建设"海洋强国"的重要目的之一；高级海洋人才队伍不断涌现是建设"海洋强国"的必要依托和重要力量；管理海洋问题或事故的能力，是体现国家对海洋问题综合管理的重要条件；强大的海上国防力量，是建设"海洋强国"的坚强后盾和力量保障。总之，这些指标紧密关联，不可分割，应该全面规划和合理部署，共同推进和整体提升，切不可偏废任何一个方面，否则，我国建设"海洋强国"的进程将受阻或延误。中国在具体实现"海洋强国"的进程中，党的十八大报告提出的"科教兴国战略、人才强国战略、可持续发展战略"将得到实质性的运用，对于我国建设"海洋强国"具有重要的保障和支撑作用。

四、中国建设"海洋强国"的作用及保障制度

依据国际国内海洋问题的发展情势，结合我国自身的特点，中国提出建设"海洋强国"的战略目标，不仅是我国国内针对海洋问题政策的汇总和深化，也是我国提出构建"和谐世界""和谐海洋"后在海洋领域的理念延伸及贡献，对于维护国际海洋秩序具有重大的作用和意义。建设"海洋强国"战略目标的提出，也是我国继续实现推进现代化建设、完成祖国统一、维护世界和平与促进共同发展这三大任务的根本保

障，所以，必须整合国家力量全面推进和实施。要保障"海洋强国"战略的顺利实施，需要建设一批关键性制度，应制定和实施国家海洋发展战略及国家海洋政策的法律(例如海洋基本法)，制定和实施海洋基本法规范内容的海洋基本计划，目的是完善和强化国内海洋体制机制，以高效合理地应对和处置海洋问题，确保"海洋强国"战略的顺利实施。这是国际社会尤其是主要海洋大国应对海洋问题的成功实践路径，我国必须尽快借鉴和实施，以改变国际、区域关于海洋问题制度的缺陷及弊端，提升国家应对和处理海洋问题的能力和水平。

本文原刊于《文汇报》2013年4月15日，第B版

Maritime State to Maritime Power

More efforts should be made to build China into a maritime power, President Xi Jinping said on July 30. Speaking at a study session of the Political Bureau of the Communist Party of China Central Committee, Xi, who is also the Party general secretary, said oceans and seas have a very important role to play in a country's economic development and opening-up strategy, and global competition. The seas play a crucial role in safeguarding a country's sovereignty and security, and its development interests.

Xi's remarks enrich China's maritime power strategy, which was outlined in the key report to the 18th CPC National Congress in November and calls for making more efforts to exploit marine resources, protect the marine environment and safeguard the country's maritime rights and interests. Xi has also stated the basic principles and specific objectives of building China into a maritime power.

The implementation of China's maritime power strategy will be in accordance with international and domestic situations and changes. It is a timely and important strategy, which is not only integral to the country's policy of building socialism with Chinese characteristics, but also conducive to its peaceful development. Therefore, the process of building China into a maritime power should suit the country's specific national conditions.

China's maritime strategy is peaceful in nature. That means it will adhere to the path of peaceful development and use peaceful means to implement its maritime strategy, which is fully in line with the trend of the times and conforms to its new security concept (of mutual trust, mutual benefit, equality and cooperation).

While safeguarding its maritime rights and interests, China will take other countries' reasonable demands and concerns into consideration, and pursue common interests in the development of the seas for mutual benefit. But since one country alone cannot deal with all maritime issues given their complex nature, promoting mutually beneficial and friendly cooperation with other countries remains the best way of furthering China's maritime goals.

China will never abandon its legitimate rights and interests in maritime territorial disputes with other countries. And because of the sensitive and complex nature of such disputes, they should be resolved in a fair and equitable manner when conditions permit. Until a resolution is reached, however, China will adhere to the policy of "shelving disputes and carrying out joint development" in areas over which it has sovereign rights.

Besides, China also has to take effective measures to ensure that navigation in international waters is safe, for which it has to carry out regular anti-piracy operations.

Although China's maritime power strategy conforms to the principles of the Charter of the United Nations, the UN Conference on the Law of the Sea and the Declaration on the Conduct of Parties in the South China Sea, it has to better publicize its policies to change other countries' misconceptions about its motives.

The country's leadership has been taking well-organized steps with the aim of safeguarding its maritime rights and interests in a peaceful manner to distinguish China from traditional maritime powers that depended on military strength, including establishment of military bases overseas, to expand the ambit of and consolidate their hegemony.

In other words, China will use all its strength—political, diplomatic, economic, legal, cultural and military—to safeguard its maritime rights and interests. It will develop its navy in proportion to its overall strength and gradually overcome the difficulties and meet the challenges that emerge during the process.

The country will follow the principles and requirements that the international community holds close to its heart to develop high-end marine technologies, improve its capability of exploiting as well as managing marine resources, and build its naval forces.

The implementation of the maritime power strategy is of great strategic value and significance for the rejuvenation of the Chinese nation. China has to better manage maritime development in order to transform itself into a maritime power.

Keeping in mind the importance of a harmonious relationship between the marine environment and human being, China should cultivate common interests with other countries to reap mutual benefit from the exploration and exploitation of marine resources. For that, it has to put forward ideas and values that are easy to be accepted by the international community.

本文原刊于《中国日报》2013年8月5日，第9版

中国应避免"三海联动"

现今,中国已进入周边海洋问题争议的爆发期、应对的关键期。造成中国周边海洋问题爆发局面的重要原因,是美国亚太再平衡战略的出台和部署。

中美两国在海洋问题上的分歧主要体现在航行安全方面,争议的焦点在于:专属经济区内的军事活动(飞机谍报侦察活动、军事测量活动、联合军事演习)是否需要沿海国的同意?

中国认为,专属经济区内的军事活动影响沿海国的国防安全和秩序,所以应遵守沿海国的事先同意原则;美国认为,专属经济区内的军事活动是公海自由之一,不需要沿海国的同意,坚持自由使用的原则。由于《联合国海洋法公约》对军事活动内容规范的模糊性和不可操作性,从而在国家之间存在不同的解释和对立的国家实践,即所谓的专属经济区内剩余性权利分配之争。所以,考虑到军事活动的保密性和政治性,以及军事活动结果的多用途性等因素,一般无法在《联合国海洋法公约》框架内解决,因为它是妥协和协商的产物。为此,在无法修改《联合国海洋法公约》相关制度的前提下,只能通过中美双边对话协商机制沟通解决,以达成共识和谅解。

实际上,尽管中国坚持专属经济区内军事活动的事先同意论,但依然基本确保了东海、南海的航行安全和自由，但美国认为中国的反进入和拒止 (A2/AD) 策略影响了美国的航行安全利益，所以需要对中国进行"规劝"和遏止，减少中国的"威胁"。具体的做法就是构建对中国的海上包围圈，加强第一岛链的封锁力度，包括加强与同盟国家（地区）之间的关系、加强与准同盟国和其他友好国家之间的关系，尽力遏止中国进出海洋、挤压中国利用海洋的活动空间，造成不利于中国的态势。

当前，由于美国受财政赤字和防卫费用减少等的影响，没有直接与中国发生较量，中美两国在海洋问题上仍然有合作的潜力和空间，尤其在非传统安全领域上的合作应进一步加强。

为此，中国应通过中美双边对话协商机制，加强与美国的沟通，体现中国依然希望美国主导亚洲的意愿，承认其在亚洲的主导作用，中国不挑战美国的地位，以积极寻求对中国核心利益的尊重和关切，避免出现和造成意外事态，即所谓的加强危机管控机制。

针对当前海洋问题争议态势，中国应采取积极措施，使海洋问题争议不严重影响中国的和平发展进程，主要的政策建议为以下方面：

第一，尽力避免"三海联动"。东海钓鱼岛问题由于日本的单方面恶意操作，鼓吹东海海空安全威胁；在南海，越南和菲律宾继续干扰中国的正常作业进程，试图利用仲裁解决争议等，所以，应尽力避免出现东海、南海及台海（即"三海"）联动的态势。

第二，应先稳定东海，重点经略南海。为避免出现"三海联动"的局面，在海洋问题争议的解决进程中，中国应采取优先稳定东海、同时经略南海的基本政策。因为东海钓鱼岛问题复杂，又涉及美日同盟，所以完全解决的难度极大。而对于南海问题争议，主要是要应对越南和菲律宾的干扰和挑战，且中国自2012年4月"黄岩岛事件"以来，已有初步的成果，需要稳固和发展，所以应先适度解决南海问题争议，为进一步收复和控制岛礁创造有利的基础和条件。

第三,积极研究司法解决的利弊。在南海问题上,菲律宾已向国际仲裁法庭提交了起诉中国的诉状,其他国家尤其是越南也有采用司法手段解决的可能性。在东海,尽管我国不准备利用司法手段解决钓鱼岛问题,但随着时间的推移,也不排除日本向国际法院提交诉讼的可能性,为此,我国应就司法解决的利弊得失予以周密的分析和应对,关键是做好充足的证据准备工作。

第四,适时发布南海断续线政策声明。中国应适时地发表中国针对南海断续线的政策建议书(学者版),在此基础上,再发布中国针对南海断续线的政策性立场文件(政府版)。就发布时间而言,应在国际仲裁法庭裁决前,也应在2016年台湾地区领导人选举之前完成。就内容而言,可以参照2009年5月7日中国常驻联合国代表团向联合国秘书长提交的照会内容。上述内容体现了中国针对南海断续线强调岛屿的归属和历史性权利的基本立场,所以南海断续线的性质为岛屿归属及资源管辖线。

中国针对南海断续线的核心内容及立场,体现在以下二个方面:第一,中国对南海诸岛及其领海拥有无可争辩的主权;第二,对相关海域及其海床和底土拥有权利(主权权利和管辖权)。此处的相关海域是指依据《联合国海洋法公约》缔约国的中国可主张的海域(如毗连区、专属经济区等),以及不符合《联合国海洋法公约》岛屿制度的岩礁,可依据历史性权利主张的海域两种类型。这种基于历史性权利主张的海域不仅符合时际法,也符合《联合国海洋法公约》(例如,第15条,第51条第1款,第58条第3款和第298条第1款)以及国内法(例如,《专属经济区和大陆架法》第14条,《海洋环境保护法》第2条)规范。

针对南海断续线的这种定性,中国面临的挑战是应解释基于历史性权利下的海域(即历史性海域)的内涵,以及其与专属经济区的异同,所以,如能加强两岸就南海问题尤其在南海断续线定性问题上的合作,则对于维护和确保中国南海主权和海洋利益大有帮助。

本文原刊于《东方早报》2014年6月26日,第A16版

中国海洋强国战略顶层设计

中共十八大报告提出的建设海洋强国战略目标,为我们进一步研究和深化中国海洋战略提供了重要契机和政治保障,如何制订和实施中国海洋强国战略的顶层设计?

一、概念及特征

中国海洋强国战略是中国和平发展战略的重要组成部分,应符合中国的具体国情和实际。其特征主要体现在以下方面。

第一,和平性。中国海洋强国战略的成型和实施,坚守通过和平的方法和手段予以不断丰富和完善的原则。这符合时代发展的潮流和趋势,符合中国倡导的新安全观(互信、互利、平等、协作),也符合中国和平发展进程的目标。

第二,互利性。中国海洋强国战略的实施不以中国获取最大海洋资源及利益为目的,应兼顾其他国家的合理诉求和关切,寻求适当的利益平衡,以确保互利、共赢原则的实现。

第三,合作性。海洋问题错综复杂,紧密关联,单靠一个国家很难妥善地应对和处理,所以,在实现中国海洋强国战略的进程中,应采取合作的方式推进实施。

第四，阶段性。由于海洋问题复杂、敏感，尤其在海洋领土主权问题上相关国家一般很难作出妥协和让步，所以，中国应坚守条件成熟时比较公平合理地解决海洋问题的原则，不应在条件并不成熟的情形下，强行采取措施解决海洋问题争议的立场和政策。

第五，安全性。中国在实施海洋强国战略的进程中，将会采取有力措施确保国际海域的通道安全，包括派遣海军参与实施海盗打击行为，以确保国际社会使用海域的安全和海洋利益，尤其是航行和飞越自由安全。

中国海洋强国战略的上述主要特征，完全符合中国一贯的主张和追求，也符合国际法包括《联合国宪章》《联合国海洋法公约》《南海各方行为宣言》等规范的原则和要求，应该容易被国际社会所接受，为此，进一步加大对中国海洋强国战略的宣传就显得特别重要和迫切。

从上述中国海洋强国战略的特征可以看出，中国建设海洋强国战略进程的步骤将是有序的，目标将是有限的，重点是维护和确保中国的海上权益，力量运用方式将是和平的和综合性的，以区别于传统海洋霸权国家的模式，即多依靠军事力量，包括设置军事基地和海外据点以及海外殖民地的方式扩展海洋霸权。

综合上述观点，中国海洋强国战略的概念可以界定为，中国将以国际社会规范的原则和要求，通过和平的方法来发展海洋经济，发展海洋科技装备，提升海洋资源开发和利用能力，加强对海洋资源和利益的综合管理包括完善海洋体制机制建设尤其是法律制度，适度发展海上军事力量，在不损害国家核心利益的基础上，力争运用和平方法解决海洋问题争议，争取使海洋利益相对最大化，以实现保护海洋环境，维护国家海洋权益，确保国家海洋安全，把我国建设成为与中国的国情与现实发展需求相适应的海洋国家，实现具有中国特色的海洋强国之梦。

二、内涵及任务

十八大报告指出,我国应"提高海洋资源开发能力,发展海洋经济,保护海洋生态环境,坚决维护国家海洋权益,建设海洋强国"。

中国建设海洋强国的步骤应是渐进的,具体可分两步走,包括区域性海洋大国/强国和世界性海洋大国/强国。这种分阶段实施的步骤,也符合我国的基本特点尤其是"三不变"的基本特征,即我国仍处于并将长期处于社会主义初级阶段的基本国情没有变,人民日益增长的物质文化需要同落后的社会生产之间的矛盾这一主要矛盾没有变,我国是世界最大的发展中国家的国际地位没有变。

从十八大报告中关于中国建设海洋强国的内容可以看出,国家推进海洋强国建设的具体路径为发展海洋经济,手段和措施是不断提高海洋资源开发能力,这是发展海洋经济的保障,前提是急需解决我国面临的重大海洋问题(例如,南海问题、东海问题),以坚决维护国家主权和领土完整及海洋权益,并保障实施海洋及其资源开发的安全环境,从而实现保护海洋生态环境及建设海洋强国的分阶段目标。

尽管国际社会并不存在"海洋强国"的具体指标,也无统一规范的"海洋强国"定义或概念,但鉴于海洋在经济社会发展中的重要性及海洋自身的特点,对照综合规范海洋问题的《联合国海洋法公约》的原则和制度,结合中国的国情和经济社会发展趋势,笔者认为,我国建设海洋强国的基本指标,主要包括以下方面:海洋经济发达,海洋科技先进,海洋生态环境优美或健康,拥有构建和完善海洋制度及体系的高级人才队伍,先进的管理海洋问题或处理事故的能力包括完善的海洋法律和制度,健康和具有公正价值取向的海洋文化,以及强大的海上国防力量。

在上述指标中，发展海洋经济是建设海洋强国的重要手段和基础；海洋科技是建设海洋强国的技术保障，也是增强海洋开发能力的重要支柱；海洋生态环境优美是建设海洋强国的重要目的之一；高级海洋人才队伍不断涌现是建设海洋强国的必要依托和重要力量；管理海洋问题或事故的能力，以及完备的海洋法律和制度，是体现国家对海洋问题综合管理的重要条件和保障；健康而具有公正取向的海洋文化，是进一步提升国民海洋意识、发展海洋教育活动，合力发展海洋事业的重要基础和力量源泉，也是易被其他国家接受的重要前提和基本保障；强大的海上国防力量是威慑地区和世界上其他国家的力量保障，也是解决海洋问题争议的基本职能和任务。总之，这些指标紧密关联，不可分割。

三、战略目标

为使来自海洋问题的威胁最小限度地影响或阻碍我国和平发展进程，有利于我国发展利益的实现和国家和平统一事业的推进，并实现世界性海洋大国目标，在建设海洋强国的进程中，中国特别应确保海洋领土主权和完整以及维护海洋权益，所以笔者认为，中国建设海洋强国的战略目标(综合性目标和阶段性目标)和任务可分为以下三个阶段：

第一，近期战略目标(2013—2020年)。主要为设法控制海洋问题的升级或爆发，采取基本稳定现状的立场，逐步采取可行的措施，设法减少海洋问题对中国的进一步的威胁或损害，完善国内体制机制，以利用好战略机遇期。具体目标为，完善海洋体制机制建设，完善海洋领域的政策和法律制度，为管辖国内海域秩序和保护海洋环境、收复岛屿和岩礁创造条件。

第二，中期战略目标(2021—2040年)。主要为创造各种条件，利用国家综合性的力量，设法解决个别重要海洋问题(例如南海问题)，实现区域性海洋大国目标。具体目标为，逐步收复和开发被他国抢占的岛屿和岩礁，并采取自主开发为主、合作开发和共同开发为辅的策略。

第三，远期战略目标(2041—2050年)。主要是在我国具备充分的经济和科技等综合性实力后，全面处置和解决海洋问题争议，完成祖国和平统一大业，实现世界性海洋大国目标。具体目标为，无阻碍地管理300万平方公里海域，适度自由地利用全球海洋及其资源，基本具备确保海上投送和应急处理海洋问题的能力。

依据国际国内海洋问题发展情势，结合自身的特点，我国提出建设海洋强国的战略目标，不仅是我国国内针对海洋问题政策的汇总和深化，也是我国提出构建"和谐世界""和谐海洋"的理念在海洋领域的延伸及贡献，也是我国继续实现推进现代化建设、完成祖国统一、维护世界和平与促进共同发展这三大任务的根本保障。保障中国海洋强国战略顺利实施，必须采取多种层面的措施，发挥中国的积极作用。

四、基本原则

为实现海洋强国的战略目标，中国必须合理处理海洋领土问题，尤应处理好突出的海洋问题(东海问题、南海问题)争议，为此，中国应坚持以下重要原则，主要为：国家主权平等原则，和平解决争端原则，合作协商处理原则，等待时机处理原则(创造条件和时机合理分类处理海洋问题争议原则)，有效合理利用海洋资源原则，先易后难、循序渐进原则，遵守共识、避免升级、冲突事故预防及应对原则，采取综合性力量解决争端原则，营造舆论氛围、抑制民族情绪爆发原则等。

五、保障措施

国际层面

第一,应深入研究和遵守《联合国海洋法公约》的原则和制度,适度发挥中国的综合优势和作用,争取修改和完善《联合国海洋法公约》相关制度,包括就军事活动问题努力缔结新的补充协定。

第二,发挥中国的主导作用,就国际海峡和海域通道安全举行论坛,在此基础上缔结国际通道维护和管理制度,确保国际社会的共同利益。

第三,加强对国际司法制度特别是国际法院制度的研究,为今后利用国际司法制度解决岛屿争议和海域划界等问题提供理论储备和学术支撑。

区域层面

第一,努力缔结中国与东盟国家之间的南海共同巡航和渔业管理合作制度,维护南海区域和平与航行安全,保障各国资源能源供应。换言之,应缔结区域性低敏感海洋领域的合作制度,如努力构筑区域性共同巡航和渔业管理合作制度,尽力缔结执法联络机制和危机管理制度,维护区域海洋秩序,共享海洋及其资源利益。

第二,中国应努力与东盟的个别国家就争议岛屿归属问题展开双边谈判,并争取成绩,以向国际社会证明通过双边谈判可以解决中国与东盟国家之间的岛屿归属争议问题,延缓或阻止南海问题的国际化、司法化进程。

第三,发挥上海合作组织的优势和作用,加快该组织内资源合作步伐。中国应与俄罗斯加快海洋问题合作进程,包括在北极区域就资源调查和环境保护、科学考察等活动展开合作，以丰富中俄战略合作伙伴关系内涵。

国内层面

第一，中国应抓住当前的有利时机，结合主要国家海洋战略和政策实践，制定和实施国家海洋发展战略，进一步完善海洋体制和机制。同时，依据国家整体战略和海洋发展战略，制定中国海洋安全战略。中国海洋安全战略应符合国际和国内发展趋势和需要，符合以《联合国海洋法公约》为主的国际法原则和制度，以共同维护国际和区域海洋秩序，确保共同利益和国家利益(生存和发展利益)。

第二，中国应遵循国际法和海洋法的原则和制度，综合而合理地处理中国面临的各种海洋问题，使其对中国的影响或威胁降低到最小限度。在此特别应适用国际、区域及双边合作原则，以实现和谐海洋目标。

第三，进一步明确中国政府针对海洋问题的政策与立场。包括适时发布中国针对海洋问题的政策白皮书，包括加强两岸海洋问题合作，发布中国针对南海断续线政策白皮书(学者版、政府版)，公布中国所属领土岛礁的领海基线并加强对其的开发和管理。

第四，进一步完善中国的海洋政策与法律制度。深入考察中国针对海洋问题的政策，包括"搁置争议、共同开发"，海洋争议问题解决模式，分析利弊得失；提升国民海洋意识和教育活动，包括创设海洋论坛，组建海洋网站，建立海洋研究基金会，扩大海洋教育和研究机构规模；进一步制定和完善中国海洋法律制度，包括制定海洋基本法、海域巡航执法条例，修改涉外海洋科学研究管理条例，完善相关部门法规等。

第五，为完善海洋要素、弥补领域缺陷，发展中国海洋事业，中国应完善并实施海洋领域规划。例如，海洋产业规划、海洋科技规划、海洋资源调查与环境保护规划、开发和保护海岛规划、海洋人才发展规划、海洋文化创新规划等，就是为了全面提升应对和处理海洋问题的能力与水准。

考虑到海洋问题产生的历史与现状不同，中国在解决海洋问题时，应兼顾海洋问题的普遍性和特殊性，力图获取海洋利益相对最大化，在不损害国家核心利益的前提下，采取适度让利的政策，以获取海洋问题解决业绩，包括提出适用"搁置争议、共同开发"原则的具体方案及相关后续措施，为此，中国要进一步完善海洋政策与法律制度并加大宣传教育力度，强化对海洋问题研究的支持，积极培养海洋领域各种人才，鼓励海洋科技创新，大力发展海洋产业，丰富海洋文化教育活动，建设海上军事力量，做到这些特别重要，有助于合力处理海洋应急事态和问题，确保中国海洋强国战略的顺利推进实施。

本文原刊于《东方早报》2013年8月12日，第A13版；
2013年8月13日，第A16版

阅读延伸索引

为便于读者进一步理解《海洋问题时评》(第一辑)内容,现将作者部分相关内容的论文分类一并列出,以供备查及参考。

1.《专属经济区与大陆架制度比较研究》,载《社会科学》2008年第3期。

2.《专属经济区内军事活动问题与国家实践》,载《法学》2008年第3期。

3.《专属经济区内军事活动问题研究》,载《国际法研究》第4卷(2011年4月)。

4.《中美专属经济区内军事活动争议的海洋法剖析》,载《太平洋学报》2011年第11期;载《香川法学》第32卷第1期(2012年6月)。

5.《岛屿与岩礁的法律要件论析》,载《政治与法律》2010年第12期;载人大复印资料《国际法学》2011年第3期。

6.《人类共同继承财产法律性质研究》,载《社会科学》2005年第3期。

7.《国际海底资源开发制度研究》,载《社会科学》2006年第3期,载人大复印资料《世界经济导刊》2006年第5期。

8.《国际海底制度评价》，载《中国国际法年刊(2005年)》，世界知识出版社2007年版。

9.《国际海底区域的法律地位与资源开发制度(1)》，载《广岛法学》第28卷第2期(2004年11月)。

10.《国际海底区域的法律地位与资源开发制度(2)》，载《广岛法学》第29卷第4期(2006年3月)。

11.《国际海洋法法庭与国际法院比较研究》，载《中国海洋法学评论》2005年第1期；载《国际法与比较法论丛》第13辑。

12.《论东海问题与共同开发》，载《社会科学》2007年第6期；载人大复印资料《中国外交》2007年第10期。

13.《论东海资源问题与解决方法》，载《广岛法学》第31卷第3期(2008年1月)。

14.《日本的海洋立法新动向及对我国的启示》，载《法学》2007年第5期；

15.《中日东海问题原则共识内涵与发展趋势》，载《东方法学》2009年第2期。

16.《日本最新海洋法制与政策概论》，载《东方法学》2009年第6期；载人大复印资料《国际法学》2010年第5期。

17.《论东海问题本质与解决思路》，载《太平洋学报》2010年第11期。

18.《批驳"日本关于钓鱼岛等岛屿领有权的基本见解"的错误性》，载《云南大学学报》(法学版)2011年第2期；载人大复印资料《国际法学》2011年第7期。

19.《再驳"日本关于钓鱼岛等岛屿领有权的基本见解"的错误性》，载《东方法学》2012年第5期。

20.《日本"国有化"钓鱼岛行为之原因及中国的应对》,载《太平洋学报》2012年第12期。

21.《批驳日本针对钓鱼岛列岛"三个真实"论据之错误性》,载《太平洋学报》2013年第7期。

22.《批驳日本"尖阁诸岛宣传资料"论据的错误性》,载《太平洋学报》2014年第4期。

23.《中国拥有钓鱼岛主权的国际法分析》,载《中国法学》(英文版)2013年第2期;载《当代法学》2013年第5期。

24.《钓鱼岛主权若干国际法问题研究》,载《中国边疆史地研究》2014年第2期。

25.《论南海问题特质与海洋法制度》,载《东方法学》2011年第4期;载人大复印资料《国际法学》2012年第1期。

26.《论南海问题法律争议与解决步骤》,载《云南大学学报》(法学版)2012年第1期。

27.《论南海资源开发的目标取向:功能性与规范性》,载《海南大学学报》(人文社会科学版)2013年第4期。

28.《南沙岛礁领土争议法律方法不适用性之实证研究》,载《太平洋学报》2012年第4期;载人大复印资料《国际法学》2012年第9期。

29.《论海洋法解决南海争议的局限性》,载《国际观察》2013年第7期。

30.《中国南海断续线的性质及线内水域的法律地位》,载《中国法学》2012年第6期。

31.《南海问题的政策及国际法制度的演进》,载《当代法学》2014年第3期。

32.《论中国海洋政策与法律制度》,载《广岛法学》第30卷第4期

(2007年3月)。

33.《新中国在海洋政策与法律上的成就和贡献》,载《毛泽东邓小平理论研究》2009年第12期。

34.《中国海洋安全问题与海洋法制完善研究》,载《香川法学》第29卷第3—4期(2010年3月)。

35.《中国海洋问题解决对策研究》,载《广岛法学》2011年第4期。

36.《中国制定海洋基本法的若干思考》,载《探索与争鸣》2011年第10期。

37.《中国海洋安全战略研究》,载《国际展望》2012年第4期;载人大复印资料《中国外交》2012年第10期。

38.《中国制定海洋发展战略若干思考》,载《国际观察》2012年第4期。

39.《中国建设海洋强国的路径及保障措施》,载《毛泽东邓小平理论研究》2013年第2期。

40.《论中国海洋强国战略的内涵与法律制度》,载《南洋问题研究》2014年第1期。

后 记

呈现在读者面前的拙著《海洋问题时评》(第一辑),是作者从 2009 年至2014年间发表在《东方早报》、《文汇报》、《解放日报》、《中国海洋报》、香港《成报》和《信报》,以及《中国日报》等报刊上有关海洋问题精选文章的集成。

这些文章均是根据当时海洋问题的情势写作完成的。而为确保原文的本色,作者并未对它们作必要的修正,所以难免存在部分内容重复的情形。应该说,这些海洋问题的文章多是从海洋法的视角予以论述的。当然,由于受到作者学识等要素的限制,文中内容和观点一定存在不当甚至谬误之处,但这些文章基本如实地反映了作者运用海洋法认识、理解和研究海洋问题的核心观点,且其中的某些观点也存在不断地调整和变化的特征,这也反映了作者学习海洋法和研究海洋问题的进程。为此,特别希望得到各位专家学者、读者的批评和指正,也期望自己能继续对海洋问题的研究不断地深化和拓展,所以特精选上述文章予以出版,以鞭策自己不断地学习和研究海洋问题,解读海洋法。

同时,以出版《中国海洋法理论研究》(上海社会科学院出版社2014年版)的简易版《海洋问题时评》(第一辑)为契机,进一步为国民认识和理解海洋问题作出绵薄的学术贡献，为中国建设海洋强国提供适度的学理支撑，也以此书的出版纪念《联合国海洋法公约》生效20周年为目的。如果本书的出版，能为国民进一步认识和理解海洋问题，以及丰富和发展中国海洋法的理论和实践作出点滴的贡献，并为维护我国海洋权益、发展中国海洋事业、建设海洋强国出力，则是本人额外之收益。此外，为增加国际社会对中国的海洋政策和制度的认识和了解，将适时推出《海洋问题时评》英文版。

在此，特别感谢《东方早报》、《文汇报》、《解放日报》、《中国海洋报》以及《中国日报》的杨小舟、范兵、季桂保、高渊和朱萍等编辑。由于他们认真细致的编辑和积极的帮助，才能使这些文章顺利尽早地面世。特此感谢！同时，也特别感谢各位领导及专家学者的大力指导和教诲，尤其是上海社会科学院的王战院长、潘世伟书记、黄仁伟副院长、叶青副院长、王振和谢京辉副院长等，使本人有足够的时间和精力及时写作这些海洋问题的时评文章。当然，也感谢家人多年来的积极支持，使我有比较充裕的写作时间完成稿件。

感谢中国政法大学国际法学院资深教授周忠海先生，欣然答应在百忙之中抽出时间为本书作序，这将使本书增色不少。同时，也感谢中央编译出版社编辑薛迎春的策划和大力支持，使本书能尽早保质面世，特此鸣谢！特此感谢！

于上海社会科学院逸思园

2014年6月28日

图书在版编目（CIP）数据

海洋问题时评. 第1辑 / 金永明　著. —北京：
中央编译出版社，2015.6

ISBN 978-7-5117-2670-4

Ⅰ.①海…　Ⅱ.①金…　Ⅲ.①海洋法–中国–文集
Ⅳ.①D993.5-53

中国版本图书馆 CIP 数据核字（2015）第113370号

海洋问题时评　第一辑

出 版 人：刘明清
责任编辑：薛迎春
责任印制：尹　珺
出版发行：中央编译出版社
地　　址：北京西城区车公庄大街乙5号鸿儒大厦B座（100044）
电　　话：（010）52612345（总编室）　　（010）52612336（编辑室）
　　　　　（010）52612316（发行部）　　（010）52612317（网络销售）
　　　　　（010）52612346（馆配部）　　（010）55626985（读者服务部）
传　　真：（010）66515838
经　　销：全国新华书店
印　　刷：北京印刷一厂
开　　本：787毫米×1092毫米　1/16
字　　数：185千字
印　　张：18
版　　次：2015年6月第1版第1次印刷
定　　价：58.00元

网　　址：www.cctphome.com　　邮　　箱：cctp@cctphome.com
新浪微博：@中央编译出版社　　微　　信：中央编译出版社（ID：cctphome）
淘宝店铺：中央编译出版社直销店（http：//shop108367160.taobao.com）　（010）52612349

本社常年法律顾问：北京市吴栾赵阎律师事务所律师　闫军　梁勤
凡有印装质量问题，本社负责调换。电话：（010）55626985

81